L'ALGÉRIE EN 1844.

Imprimerie Dondey-Dupré, rue Saint-Louis, 46, au Marais.

L'ALGÉRIE

EN 1844,

PAR A. DESJOBERT,

DÉPUTÉ DE LA SEINE-INFÉRIEURE,

Membre de la Commission chargée d'examiner la demande de 15,000 hommes
pour l'Afrique.

« Je ne sais pas un homme de sens qui,
si l'Afrique était à occuper, irait entraîner
la France dans une pareille entreprise. »
M. THIERS, *Discours à la Chambre des
députés.* Moniteur du 10 juin 1836.

« Un temps viendra où l'on sera honteux
de tant de sottises, et où les colonies n'auront plus d'autres défenseurs que ceux à
qui elles offrent des places lucratives à
donner ou à recevoir, le tout aux dépens
des peuples. »
J. B. SAY, *Traité d'économie politique.*
5e édition, tome I, pag. 510.

PARIS,

GUILLAUMIN, LIBRAIRE-ÉDITEUR

Du Dictionnaire du Commerce et des Marchandises, du Journal des Économistes,
de la Collection des principaux Économistes, etc.,

RUE SAINT-MARC, 10, GALERIE DE LA BOURSE, 5.

1844

PRÉFACE.

Je n'avais pas l'intention d'écrire de nouveau sur l'Afrique, je croyais avoir rempli ma tâche.

Deux faits nouveaux, l'essai de colonisation militaire, et le nouveau régime de douanes proposé par le ministère, m'ont engagé à faire cette publication.

J'ai pu me convaincre, comme membre de la commission nommée pour examiner la demande de 15,000 hommes destinés à l'Afrique, que notre position est toujours la même dans ce pays.

Aucune explication ne peut remplacer la pein-

ture qu'un soldat de Tlemcen fait de cette position. Voici un extrait littéral de sa letttre :

« Tlemcen, décembre 1843.

» On avait laissé les Arabes tranquilles du
» côté de Thaza, Nédrona, les Angades, les
» Harchgouns, enfin tout le territoire qui borde
» le Maroc et la mer. Après avoir récolté et en-
» semencé, le général leur a demandé les impôts;
» ils se sont refusé de vouloir les payer. La co-
» lonne s'y est transportée par une marche de
» nuit. A la pointe du jour les tribus se sont
» voulu échapper; mais cela leur fut impos-
» sible, car, dans la première journée, tout fut
» pillé, brûlé, une grande partie égorgéo, et
» toutes les femmes furent faites prisonnières
» et conduites à la prison de Tlemcen.

» Cela était bien cruel à voir; ces pauvres
» femmes pieds nus, portant leurs enfants der-
» rière leur dos : encore le général leur avait dit
» qu'ils n'habiteraient plus leur pays, qu'il met-
» trait d'autres tribus à leur place, et qu'eux
» iraient où ils voudraient. C'était une grande
» désolation pour ces femmes d'être privées de
» leurs maris.

» Je crois bien encore que l'on sera obligé de
» renouveler le peuple et de ne laisser vivre que
» depuis douze ans. Tous les autres devraient
» être tués outre; sans cela on ne fera jamais
» rien, car l'Arabe est trop vindicatif. Quelque
» moment qu'une colonne sera un peu faible, les
» Arabes vont se révolter et la mettre en pous-
» sière.

» Car les ravages que nous leur faisons sont
» trop cruels pour ne pas se revenger. Lorsque
» leur troupeau est pris, que leur grain est en-
» levé, que leur cabane est brûlée, et leurs ar-
» bres portant fruits sont coupés, une partie de
» leur famille égorgée, il ne faudrait pas avoir
» de cœur, lorsque l'on trouve l'occasion, de ne
» pas prendre sa revanche. »

Paris, 17 mai 1811.

L'ALGÉRIE

EN 1844.

CHAPITRE PREMIER.

GÉNÉRALITÉ DE LA QUESTION.

Opinion publique. — Trompée par les particuliers. — Trompée par le gouvernement. — Promesses faites. — Non réalisables. — Occupation maritime. — Présente-t-elle des avantages? — Occupation restreinte. — Occupation générale. — Spéculateurs. — Humanitaires et providentiels. — Fatalistes. — Examen à faire.

Il est aujourd'hui peu d'hommes, parmi ceux qui se sont occupés sérieusement des affaires du pays, qui ne déplorent les conséquences de l'expédition de 1830. La plupart répètent avec M. le maréchal Bugeaud que l'Afrique est un legs funeste fait par la restauration à la révolution de juillet[1], et disent avec M. Thiers : « Je ne sais pas un homme de sens qui, si l'Afrique était à occuper, irait entraîner la France dans une pareille entreprise[2]. » Et cependant chaque jour le mal aug-

---

[1] Discours à la chambre des députés. *Moniteur* du 9 juin 1838.
[2] Discours à la même chambre. *Moniteur* du 10 juin 1836.

1

mente, chaque jour l'Afrique étend sur le pays sa funeste influence.

Opinion publique. — A tous les raisonnements, à l'expérience des siècles, on fait une seule réponse : l'opinion publique le veut.

Trompée par les particuliers. — L'opinion publique n'a-t-elle pas souvent été l'expression d'une erreur ? et lorsqu'on voit les moyens employés pour la tromper, lorsque d'une part la cupidité et l'ambition des individus entraînent le pays dans une voie funeste, et que de l'autre le gouvernement, qui sait la vérité, accrédite et propage l'erreur, c'est un devoir d'éclairer le pays.

Trompée par le gouvernement. — M. Thiers disait en 1837 : « La vérité n'était pas facile à faire entendre; eh bien, aujourd'hui, je me suis imposé le devoir de dire toute la vérité... En montant à cette tribune, j'ai eu l'intention de bien avertir la chambre de la gravité de cette entreprise, de bien l'avertir de l'ignorance dans laquelle elle avait vécu d'une partie de la vérité[1]. » M. Bresson, intendant civil d'Alger, ajoutait : « Jamais les cabinets n'ont osé avouer à la chambre tous les sacrifices qui étaient à faire, et cela parce qu'ils ne l'ont pas trouvé bien encourageant[2]. »

Le gouvernement trouve dans l'affaire d'A-

---

[1] Discours à la chambre des députés. *Moniteur* du 22 avril 1837.
[2] Discours à la même chambre. Même *Moniteur*.

frique les moyens de colorer des faveurs, de satisfaire nombre d'ambitions militaires, et d'ouvrir
de larges espérances à un grand nombre d'ambitions civiles qui spéculent d'avance sur le gouvernement civil qu'elles ont en perspective.

Les calculs du gouvernement et la chaleureuse
persistance de l'intérêt privé ont ainsi concouru
à abuser le pays et à entretenir des espérances
trompeuses.

On a promis une conquête facile qui demandait
peu de temps et peu de troupes.

*Promesses
faites.*

On a promis à la population française les avantages d'un pays nouveau, qui devait être pour les
malheureux une heureuse patrie.

On a promis au commerce de nouveaux débou-
chés et à la marine une navigation nouvelle. D'Alger nous devions dominer le commerce des Indes.

On faisait briller à nos yeux l'image dorée d'une
colonie prospère.

Nous appelions à la civilisation des peuples bar-
bares et au christianisme une nation d'infidèles.

Confiante en ces promesses, l'opinion publique
avait raison de vouloir ce qui devait apporter à la
France honneur, gloire, puissance et richesse.

Si on avait laissé percer la vérité, l'opinion publique aurait repoussé une chimère si fatale au
pays.

Pour nous, qui avons vu l'erreur se produire,
qui connaissons les passions et les intérêts de ceux

qui la propagent, nous continuerons notre tâche
et nous défendrons le peuple dont on exploite les
sentiments généreux.

Ailleurs nous avons fait justice des premières
conceptions des colonistes. Nous avons établi que
la France ne peut tenter en Afrique ce qui autre
part a pu réussir dans des circonstances différentes
et favorables. L'ignorance et la légèreté seules
peuvent confondre ensemble des états sociaux ou
politiques qui n'ont aucun rapport entre eux.

Non
réalisables.

Ainsi nous avons établi que nous ne pouvions
coloniser comme faisaient les Grecs et les Romains,
— qu'il est impossible d'introduire à Alger le mode
de gouvernement des Anglais dans l'Inde, —
qu'Alger ne possède aucun des éléments de colonisation qui font la prospérité des États-Unis
d'Amérique, — qu'on ne peut établir, ni sous le
rapport du sol ni sous celui des habitants, aucune
comparaison entre Alger et l'Égypte, — que les
colonies pénales sont aujourd'hui condamnées
comme moyen pénitentiaire, et que l'expérience
faite par les Anglais à Botany-Bay doit nous garantir d'une semblable entreprise à Alger, — et
enfin que le régime colonial ne peut être introduit
en Afrique au moment où il croule de toutes
parts, aux acclamations unanimes des colonies et
des métropoles[1].

[1] *Question d'Alger*, p. 43.

Plus tard nous avons établi que nous ne pouvons réédifier à Alger le système turc, que quelques personnes regrettent encore [1].

Plusieurs autres, et j'étais de ce nombre [2], proposaient l'*occupation maritime*.

Occupation maritime.

Ce système comportait le gouvernement du pays par les indigènes et des établissements maritimes sans colonisation, semblables à plusieurs établissements anglais. Des ports vigoureusement fortifiés auraient protégé notre marine et notre commerce; leurs garnisons peu nombreuses auraient été facilement approvisionnées pour un long temps, et leur ravitaillement possible en temps de guerre.

Les partisans de l'occupation maritime avaient été amenés à ce système par ce raisonnement bien simple : Deux nationalités, l'une française, l'autre arabe, ne pouvaient pas exister ensemble sur le sol d'Afrique; elles devaient en venir aux mains du moment où un colon se serait trouvé en face d'un Arabe; un jour ou l'autre une difficulté devait surgir entre eux; de là lutte : le vaincu, si c'était l'Arabe, amenait sa tribu à la vengeance; si c'était le Français, appelait le soldat à son secours; la lutte devait continuer et grandir jusqu'au point actuel, où il a été nécessaire

[1] *L'Algérie en 1838*, p. 11.
[2] *Question d'Alger*, p. 306.

d'établir en Afrique une force militaire telle qu'elle comprimât la nationalité arabe.

C'est pour cela que nous ne voulions pas un seul colon sous la protection française; ils devaient nous compromettre. Nous ne voulions que des soldats, la discipline nous en rendait maîtres. On s'est récrié, et cependant c'est à une mesure semblable que l'Angleterre a dû ses progrès dans l'Inde. Son premier soin a été de rassurer la propriété indigène. Le moyen employé fut radical; prohibition absolue à tout Anglais d'acquérir. La présence des nationaux inquiétait les indigènes; prohibition à tout Anglais de pénétrer ou de résider dans l'Inde sans la permission des gouverneurs, et la circonspection des gouverneurs était telle, qu'en 1830, sur une population de 100,577,000 individus sur un espace de 514,190 milles carrés, en présence d'une armée de 223,461 hommes, le droit de résidence n'était accordé qu'à 2,016 Européens [1]. La Charte de 1833 n'a que très-peu modifié ces interdictions, que l'imprudence des Européens a bientôt forcé les gouverneurs de maintenir dans toute leur sévérité.

Le système d'occupation maritime a été combattu par les partisans de l'occupation générale, qui prétendaient que ce mode d'occupation était un abandon déguisé.

[1] *Histoire financière de l'Empire britannique*, par Pebrer, t. II, p. 263, 264, 278.

Il a été combattu aussi sous le rapport maritime même; ainsi M. le général Duvivier pense
que des ports sur la côte d'Afrique ne peuvent que
nous préparer des malheurs en temps de guerre[1];
qu'il est heureux que la côte ne nous offre pas
de ports, et qu'en créer serait détruire le seul
avantage naturel que cette âpre terre nous ait
présenté[2]. Il discute cette opinion avec une rare
sagacité et une grande indépendance d'esprit dans
le chapitre *sur la guerre maritime*[3] et dans un
écrit intitulé *Ports en Algérie*, fait en 1842, en réponse à un discours de M. Thiers. Cette discus-
sion est fort remarquable, et le général a complétement raison contre ses adversaires, qui, dans
leur système, ont besoin d'un port militaire en
Afrique pour, en temps de guerre, faire voyager
20,000 hommes soit de France en Alger, soit
d'Alger en France. Il est évident qu'il y a là un
danger imminent, et qu'un jour ou l'autre une
catastrophe justifiera la prédiction du général.
Suivant nous, le mal n'est pas dans les ports, mais
dans l'occupation nécessiteuse qui est derrière
les ports. Si on n'avait que des ports, nos escadres
n'auraient pas besoin d'y porter 20,000 hommes,
et nos croiseurs y trouveraient un refuge.

Présente-
t-elle des
avantages?

[1] *Solution de la question de l'Algérie*, p. 273.
[2] *Ibidem*, 207.
[3] *Ibidem*, 199.

Quoi qu'il en soit, le système d'occupation maritime n'ayant pas prévalu, et l'Européen ayant mis le pied en maître sur le sol arabe, nous étions fatalement entraînés à occuper tout le pays.

Occupation restreinte. On ne se rendait pas compte de cette fatale conséquence, ou, pour mieux dire, on ne voulait pas l'avouer; de là vint l'idée d'*occupation restreinte* : idée fausse dont les événements firent constamment justice. Les succès et les revers nous portaient également en avant.

Occupation générale. Nous étions donc amenés forcément à l'*occupation générale*.

Spéculateurs. Les spéculateurs en toutes choses qui exploitent l'Afrique l'ont emporté. Le champ est vaste aujourd'hui; quoique infertile, ils le cultiveront : ils savent que c'est la France qui les payera.

Ils ont eu pour appui les faiseurs du jour, qui trop souvent touchent aux affaires du pays.

Nous voudrions que ces habiles expérimentateurs voulussent bien mettre en jeu leur personne ou leur fortune; mais ils sont beaucoup plus prudents. C'est la personne et la fortune des autres qu'ils désignent hautement à ces expériences, se réservant pour eux les places et les honneurs.

Humanitaires et providentiels. Ils ont eu pour appui les gens honnêtes qui se croyent initiés aux secrets de la Providence, et ces gens orgueilleux qui décident du sort à venir de l'humanité, ceux dont Broussais disait : « Ce qu'ils ne peuvent apprendre dans les classiques encore très-peu nombreux de leur école, ils sont sûrs de le trouver dans leur conscience, en se recueillant, fermant les yeux, s'éloignant du bruit, et s'écoutant penser. C'est quand ils sont parvenus à ce haut degré de perfection que leur visage se compose, que leur front s'élève, que leur expression devient superbe, et qu'ils ont l'intime conviction que leur intelligence est infiniment supérieure à celle des personnes qui leur disent avec un air de surprise : Je ne vous comprends pas[1]. »

Ils ont eu pour appui les fatalistes, qui se confient à l'*instinct* des peuples. En 1838 ils nous avaient dit que dans la vie des nations comme dans celle des hommes tout n'est pas calcul ; *on cède à de grands et louables instincts... C'est ce noble instinct* qui, malgré les dépenses trop souvent inutiles, des fautes commises, des désastres éprouvés, attache vivement la France à la possession d'Alger[2]. En 1843 ils nous répètent que ce fut par un *instinct d'avenir* que le gouvernement de juillet accepta l'héritage de l'Afrique, que ce fut le *même instinct* qui nous y attacha après la conquête : un *instinct général* a de tout temps poussé les hommes à se transporter hors de leur pays[3].

Fatalistes.

[1] *De l'Irritation et de la Folie*, préface.
[2] Rapport de M. Dufaure, du 29 mars 1838.
[3] Rapport de M. Vatout, du 13 mai 1843.

N'en déplaise aux fatalistes, si la *raison*, qui est l'apanage de l'homme, eût été plus écoutée que l'*instinct*, nous aurions probablement mieux conduit cette affaire.

Il est à remarquer que ces deux rapports, qui sont les seuls franchement africains, s'appuient sur l'*instinct*. Les autres ont fait pressentir les dangers que l'Afrique entraîne avec elle; ils s'appuient sur la *raison* [1].

Les colonistes ont souvent accusé le système d'occupation maritime de conduire à l'abandon.

Nous accusons les colonistes de conduire à une évacuation désastreuse. Dieu veuille que nous n'ayons pas à faire peser sur eux la responsabilité d'une catastrophe semblable à celle des Anglais dans le Caboul!

L'avenir prononcera entre les colonistes et leurs adversaires.

Examen à faire. Aujourd'hui nous avons à examiner l'état actuel de notre occupation et ses effets : — les projets de colonisation du gouvernement; — le nouveau système de douanes qu'il établit entre la France et l'Afrique.

Le but des entreprises de tout gouvernement

---

[1] Voir les rapports des 28 mai 1833, — 9 avril 1834, — 21 avril 1835, — 20 mai 1836, — 22 mars, 24 avril et 24 mai 1837, et surtout celui du 24 avril 1840. — Voir aussi le Procès-verbal de la commission envoyée en Afrique en 1833, et le Rapport de la commission instituée à Paris, du 7 mars 1834.

doit être d'augmenter la puissance du pays, et d'assurer le bien-être et la moralité des habitants.

La direction donnée aux affaires d'Afrique affaiblit notre politique et notre puissance, ruine nos finances, ne nous offre que des illusions sous le rapport commercial; aucune cause ne peut compromettre à un aussi haut degré le bien-être et la moralité de la population française.

CHAPITRE II.

OCCUPATION.

Moyens de résistance d'un peuple.

On a vu comment nous avons été entrainés à l'occupation générale de l'Algérie.

Certes, si on avait réfléchi aux difficultés naissant de la constitution du sol et de la différence des religions, si on avait étudié l'histoire du pays, on n'aurait pas tenté une semblable entreprise.

Dans tous les temps et dans tous les pays, le moyen le plus puissant que la nature ait mis aux mains des populations pour se défendre contre des populations étrangères a été la constitution montagneuse de leur territoire. La résistance est toujours en raison des moyens de défense; quel moyen de défense plus puissant un peuple peut-il trouver qu'un sol dont les accidents et l'âpreté offrent incessamment à un petit nombre l'avantage de pouvoir lutter contre des masses?

C'est dans la constitution montagneuse du sol que les habitants des provinces basques, du pays de Galles, de la Suisse, du Montenegro, du Liban, du pays des Kurdes et du Caucase, ont trouvé les moyens de résister avec succès à l'étranger. La plupart ont conservé leur indépendance jusqu'à nos jours. Ceux qui ont succombé ont conservé leur liberté longtemps après que les habitants des plaines voisines avaient subi le joug des conquérants.

La région de l'Atlas, surtout le territoire occupé par les Kabyles, offrent aux habitants ces moyens de défense naturelle. L'Afrique.

Aussi dans cette région de l'Afrique le même fait se reproduit constamment. Un conquérant paraît, il s'établit sur le littoral, pénètre plus ou moins dans l'intérieur des terres, et par là inquiète plus ou moins la population indigène. Mais le jour où un nouveau conquérant se présente, la population indigène fait cause commune avec lui pour repousser l'ancien. Ainsi elle s'unit aux Romains contre les Carthaginois, aux Vandales contre les Romains, à Bélisaire contre les Vandales. Puis de nouvelles luttes contre les Romains, pendant lesquelles et à la suite desquelles la nationalité indigène reprend son indépendance.

Plus tard les Arabes apportent une religion qui

séduit les populations; ils épousent les filles du peuple vaincu, et se fondent ainsi dans la population en s'unissant à elle par les liens si puissants du mariage et de la paternité.

Cependant cette fusion qui en effet avait gagné les plaines s'est arrêtée devant les montagnes et la nationalité kabyles. Aujourd'hui encore les Kabyles consentent rarement à donner leurs filles aux Arabes.

Les deux invasions Berbères[1] de 1068 et 1130 n'eurent même pas la puissance d'opérer un rapprochement entre ces peuples de même origine. Le Kabyle résista à cette épreuve, et ces deux races sont encore distinctes.

Une seule cause les réunit à diverses époques : le besoin de résistance à l'étranger. Ainsi ils se réunirent contre les chrétiens dans le seizième siècle[2]. C'est pour les aider contre ces ennemis du

---

[1] *De la Domination turque*, par M. Walsin Esterhazy, 1840, p. 63. Ouvrage fort remarquable.

[2] Les Espagnols sensés de cette époque voyaient avec peine les sacrifices que l'Espagne faisait pour continuer une occupation stérile. Cervantes, qui pendant plusieurs années avait fait la guerre aux barbaresques, et avait été ensuite en captivité chez eux, dit au sujet de la perte que fit l'Espagne en 1575 du fort de la Goulette, près Tunis : « Il parut à plusieurs, et il me parut à moi-même, que ce fut une faveur et une grâce particulière que le ciel fit à l'Espagne en permettant la destruction de ce laboratoire et de ce repaire de crimes, *de ces larves, de cette éponge, de ce ver rongeur, d'autant d'argent dépensé sans fruit, sans servir à autre chose qu'à con-*

moment qu'ils demandèrent l'appui des frères
Aroudj et Krair-ed-Din, fondateurs du gouvernement turc à Alger.

Ce gouvernement établi, les indigènes furent en
hostilité constante contre lui [1], et lors de notre
expédition de 1830 la haine qu'ils lui portaient
favorisa dans quelques localités l'invasion française.

Aujourd'hui peut-on supposer que la guerre
faite aux indigènes n'ait pas soulevé leur haine
contre nous? Certes, les indigènes sont les alliés
de nos ennemis futurs, quels que soient ces ennemis.

L'exemple de l'occupation romaine, si souvent
invoqué, aurait dû nous instruire, et nous pré-
server d'une entreprise que Rome pouvait faire
sans danger, mais qui est pleine de dangers pour
la France.

Rome n'était pas moins forte que ne l'est la
France aujourd'hui. Sa politique n'était pas me-
nacée comme la nôtre par une coalition ennemie,
car alors elle n'avait pas de rivale dans le monde.

A cette époque la religion de ces deux peuples
n'était pas pour eux une cause d'éloignement invincible. Les Africains n'avaient pas, comme les
Arabes de nos jours, une religion ardente, et la

Occupation romaine.

serrer le souvenir que ce fort avait été pris par l'invincible
Charles V. » Don Quixote, t. II, p. 255, édit. de Madrid, 1780.
   [1] Voir l'ouvrage cité de M. Esterhazy.

tolérance des Romains, avait élevé *aux dieux in-
connus* un autel sur lequel pouvaient sacrifier les
Africains.

Rome cependant mit deux cent quarante ans à
réduire l'Afrique à l'état de province sujette et
tributaire[1], employant à cette œuvre ses plus habiles généraux.

Mais « il y a une chimère que Rome n'a jamais possédée, je veux dire cette Afrique tran-
quille et calme que nous rêvons impatiemment.
La révolte de Tacfarinas, sous Tibère, a cela de
curieux qu'elle éclata au moment où la puissance
romaine semblait le plus affermie.

» Tacfarinas, quoique vaincu, reparut bientôt,
évitant le combat, fuyant quand il était attaqué,
attaquant quand les Romains rentraient dans
leurs camps fortifiés. Il y avait déjà à Rome, dit
Tacite, trois statues couronnées de lauriers en
mémoire de nos victoires en Afrique, et cependant Tacfarinas ravageait encore les provinces[2]. »

C'est ainsi que M. Saint-Marc Girardin, dont
les sympathies pour l'Afrique sont bien vives,
apprécie les difficultés qu'éprouvèrent les Romains et les vicissitudes de leur occupation.

M. le général Duvivier, consultant l'histoire,

---

[1] *Recherches historiques par une commission de l'Académie*,
p. 1.
[2] *Revue des Deux Mondes*, 1841, t. XXVI, p. 408.

et interrogeant pendant son séjour en Afrique les ruines que les Romains y ont laissées, pense aussi que l'occupation romaine ne fut jamais accompagnée de sécurité ; qu'à toutes les époques elle fut précaire, qu'il n'y eut jamais de fusion entre les Romains et la population indigène [1].

Aujourd'hui les divers peuples du littoral de la Méditerranée ayant de l'analogie avec l'Algérie présentent la même résistance au dominateur étranger. Cette résistance existe même lorsque ce dominateur est coreligionnaire.

L'empereur de Maroc est de race arabe ; il est le chef de la religion. Son autorité, faible partout, est méconnue dans cette partie de l'empire qui s'étend dans les montagnes de l'Atlas.

Les Turcs, maîtres du pouvoir à Tunis et à Tripoli, qu'ils reconnaissent ou ne reconnaissent pas l'autorité du Grand-Seigneur, n'obtiennent pas l'assentiment des Arabes et sont toujours obligés de leur faire la guerre pour en obtenir le tribut.

En Syrie, les Turcs n'ont jamais régné sur la montagne que par leur action politique ; le séjour même de la montagne dans le Liban leur était interdit. C'était en profitant de la diversité des religions et des intérêts que les Turcs, opposant

[1] *Recherches sur la portion de l'Algérie au sud de Guelma*, 1841, p. 60, 61.

les unes aux autres les populations diverses de la Syrie, ont pu maintenir dans les campagnes une autorité plus nominale que réelle; ils n'habitent que les villes.—La venue des Égyptiens fut agréée par les populations en haine des Turcs. Mais ces nouveaux dominateurs devinrent bientôt l'objet de cette haine, et à l'approche des Européens en 1840, ils virent tous les indigènes se soulever contre eux.

Les Russes dans le Caucase. La seule entreprise à laquelle la nôtre puisse être comparée est celle tentée par les Russes dans le Caucase.

Les Russes ont autant d'intérêt à occuper le Caucase que nous en avons peu à occuper l'Afrique.

Du Caucase ils peuvent étendre leur influence sur l'Asie-Mineure, et par là augmenter encore celle qu'ils ont à Constantinople.

Le Caucase confine à la Perse et à la mer Caspienne; il assure aux Russes, déjà maîtres de cette mer, une influence incontestable sur la Perse et l'Asie centrale, où leur politique est en rivalité avec la politique anglaise. Ils ne peuvent négliger un pays qui, comme la Géorgie, pourrait être pour une armée russe une bonne base d'opération militaire.

Et avant tout, même en négligeant ces considérations de politique étrangère, le Caucase est pour l'empire russe une frontière inexpugnable;

sous ce rapport c'est une question de territoire et de force intérieure.

La Russie est maîtresse de la mer Noire; une courte traversée conduit ses vaisseaux de Sébastopol à Anapa. En cas de guerre européenne, elle peut ramener des troupes ainsi qu'elle a fait en 1812. Nous ne sommes pas maîtres de la Méditerranée, et en cas de guerre maritime nous ne pourrions pas ramener nos soldats; nous en avons fait une triste épreuve en Égypte après la capitulation d'El Arich.

La Russie perdit-elle l'empire sur la mer Noire, communiquerait avec ses possessions caucasiennes par terre en traversant le Don.

Enfin le Caucase est pour la Russie une province de l'empire comme l'Alsace est une province pour la France.

La religion des peuples du Caucase n'est pas pour les Russes un obstacle invincible, ainsi que l'est pour nous le fanatisme des Arabes; les tribus des hautes montagnes du Caucase n'ont pas de religion proprement dite, leur superstition est un mélange de christianisme et de mahométisme. Plusieurs des provinces au sud du Caucase sont habitées par des chrétiens du rite grec et arménien [1].

La constitution sociale de ces peuples ressemble

---

[1] *Tableau du Caucase*, par Klaproth, p. 91 et 108.

beaucoup à celle des habitants de l'Algérie, surtout à celle des Kabyles. Les tribus hostiles entre elles s'unissent contre l'étranger; alors la
haine commune fait taire les rivalités et les intérêts, et fait reconnaître pour chef celui qui peut
mieux la servir. Chamyl joue aujourd'hui dans le
Daghestan le rôle qu'Abd-el-Kader joue en Afrique.

On nous recommande la persévérance dans notre entreprise d'Afrique. Voyons le résultat de la
persévérance des Russes dans leur entreprise du
Caucase.

La première expédition des Russes dans le Caucase est celle que Pierre le Grand fit en 1722, à la
tête de 100,000 hommes, et à la suite de laquelle
il se fit céder par la Perse le Daghestan et autres
provinces riveraines de la mer Caspienne. Depuis
lors la Russie ne cessa pas d'intervenir, soit dans
les tribus indépendantes, soit en Géorgie, tantôt
par la force des armes, tantôt sous le manteau du
protectorat, jusqu'au moment où les traités [1] avec
la Perse et la Porte lui eurent cédé le territoire
aujourd'hui réuni à l'empire.

Cette situation diplomatique de la Russie vis-à-
vis des peuples indépendants du Caucase est con-
testée par des intérêts européens [2]. Elle est con-
testée par ces peuples eux-mêmes, qui ne com-

[1] *Traité de Bagdad. Déclaration de l'empereur de 1801. Traités de Gulistan, Turkmantschaï, Andrinople.*
[2] *Port Folio, t. V, p. 93.*

prennent pas que ceux qui n'avaient jamais pu exercer aucune autorité sur eux aient pu disposer de leur liberté et de leur nationalité [1].

Au-dessus de ces traités se trouve la puissance d'un peuple qui veut conserver son indépendance. La Russie en appelle à la force; le peuple du Caucase en appelle aussi à la force, et cette force est doublée par les sentiments généreux qui font vivre les nations. Les traités n'ont pas pu changer la nature des choses; nous allons voir que dans cette lutte de l'indépendance contre le despotisme les Russes ont toujours échoué devant les habitants du Caucase.

Ici se retrouve l'application de ce que nous avons dit plus haut, de l'influence de la nature du sol sur la destinée des peuples. La Géorgie et les autres provinces du sud, pays plus ouverts et plus accessibles, sont assez calmes; leurs populations n'ayant pas les mêmes moyens de résistance que la population des montagnes, ont souvent changé de maîtres. Leur secrète pensée est toujours l'indépendance; mais plus facilement attaquables par les Russes, elles furent plus facilement comprimées.

Quant au Caucase proprement dit, il est complétement insoumis.

Klaproth divise ainsi la population : à l'orient,

---

[1] Ibidem, t. I, n° 4.

les *Lesghi*; au centre, les *Tchetchentses* et les *Osseles*; au couchant jusqu'à la mer Noire, les *Tcherkesses* ou Circassiens [1].

Le premier travail commencé par les Russes, en 1777, fut la ligne militaire du Don à Tiflis, passant par Wlady-Caucase et Dariel. Cette ligne est garnie de stanitzas ou postes fortifiés occupés par des cosaques chargés à la fois de faire le service de la poste et de veiller à la sûreté des environs. Entre ces stanitzas sont des postes-vedettes dont les gardiens se replient sur les stanitzas en cas d'attaque [2].

Depuis lors les lignes du Kouban et du Tereck furent occupées d'une manière anologue; un certain nombre de forts furent construits dans l'intérieur, et sur le bord de la mer Caspienne et de la mer Noire.

L'armée russe, comme l'armée française en Afrique, devant être continuellement renouvelée en hommes et ravitaillée avec les ressources d'Europe [3], il fallut établir sur la côte de la mer Noire des ports fortifiés pour protéger les débarquements; Anapa est le principal. Une route militaire relie Anapa à Echaterinodar et à la route militaire centrale.

---

[1] Klaproth, *Tableau du Caucase*, p. 55. Voir aussi la carte du Caucase de Berlin, 1838.

[2] *Voyage de M. Belanger*, t. I.

[3] *Tableau du Caucase*, par Klaproth, p. 184.

Tous ces travaux, qui inquiétaient les populations, devaient naturellement les soulever. Les
Russes ne purent les exécuter qu'en présence
d'armées considérables; dans la montagne la lutte
fut constante.

Dès 1825 on avait pu apprécier les difficultés
de l'entreprise. M. le comte de Langeron, ancien
gouverneur d'Odessa, disait qu'ayant été chargé
par l'empereur de lui présenter un projet pour
réduire ces peuplades à l'obéissance, il avait été
obligé d'abandonner le seul dont le succès lui pa-
rût certain. Ce projet eût exigé le sacrifice d'environ 100,000 hommes, qui auraient succombé
plutôt par suite des maladies que dans les com-
bats; leur rôle se bornant à former autour des
montagnes, habitées par ces tribus guerrières, un
cordon de troupes qui, en les y renfermant, devait
les amener à se soumettre ou à s'exterminer entre
elles [1].

En 1826 M. Klaproth constate les difficultés
qu'éprouve la Russie. Suivant lui, la possession
de cette contrée doit être fort onéreuse; les Russes
ne trouvent aucune ressource dans le pays, et la
guerre continuelle qu'ils ont avec les Caucasiens
retient les armées dont ils pourraient avoir besoin [2].

[1] *Voyage de M. Bélanger*, t. I, p. 113.
[2] *Tableau du Caucase*, p. 181, 183.

Vers cette époque, les Russes, voyant que l'occupation par points fixes, loin de calmer les Caucasiens, n'avait d'autre résultat que de les soulever et de susciter une lutte continuelle, entreprirent de porter la guerre au centre de leurs tribus. Cette guerre fut faite comme celle que nous faisons en Afrique, aux hommes quand on pouvait les atteindre, et à leur défaut au bétail, aux habitations, aux moissons.

Ce fut la période du système d'expéditions. Pendant longtemps les bulletins pompeux, qui allaient chercher à Saint-Pétersbourg des grades et des décorations, imposèrent à quelques-uns. Les généraux, pour captiver la faveur du czar, proclamaient la soumission des tribus. Cependant aucune soumission n'avait lieu, la guerre seule régnait sur ce malheureux pays, dévorant les oppresseurs et donnant aux nationaux une énergie nouvelle. Les Circassiens de Notguhatch, en réponse à une proclamation du général Rajewski, lui écrivent en septembre 1838 : « Depuis douze ans vous vous vantez d'être le maître et le conquérant de ce pays, et vous mentez ; toujours vous répétez : Ma domination s'étend sur ce pays ; je le tiens en respect par les forts que j'y ai élevés. Prenez-y garde ! ces faussetés pourront plus tard être connues, et votre honneur en souffrira. Dieu sait que, quelque chose que vous fassiez, nous ne deviendrons jamais vos sujets. Avec l'aide du Roi des rois, nous pourrons vous résister; tous nous y passerons dans cette guerre à mort jusqu'au dernier. »

Et les Caucasiens tenaient parole. De la mer Noire à la Caspienne, les Circassiens et les Lesghi combattaient leurs oppresseurs, le plus souvent avec succès; de nombreux détachements russes avaient péri; Kasi-Mollah et Chamyl, prophètes belliqueux, soulevaient les populations. La guerre sainte était proclamée. Le mahométisme faisait des progrès en haine des Russes et de leur religion [1].

En 1840, la soumission était plus éloignée que jamais.

M. le comte de Suzannet, qui voyageait dans le Caucase à cette époque, rapporte que les employés du gouvernement, qui en 1835 lui paraissaient sûrs d'arriver à une pacification complète, étaient découragés. Presque tous maudissaient le jour où la Russie avait franchi la ligne du Caucase. « Dans une conversation avec le général Golawine (gouverneur général), je fus étonné, dit-il, de voir qu'il croyait, comme moi, impossible d'arriver à une pacification complète du Daghestan et de la Circassie sans avoir détruit toute la population existante [2]. »

[1] *Voyage de M. le comte de Suzannet dans le Caucase en 1840.*
[2] *Ibidem.*

Les généraux Yermoloff, Paskewitch, Rosen, s'étaient succédé comme gouverneurs sans plus de succès. En 1837 l'empereur Nicolas, voulant juger des choses par lui-même, était venu dans le Caucase; le général Rosen avait été remplacé par le général Golawine, qui ne réussit pas mieux.

Le système d'expéditions continua, toujours aussi funeste, jusqu'en 1842. Le ministre de la guerre Tchernicheff vint alors à Tiflis, et condamnant un système qui ruinait les finances et les armées de la Russie, il adopta le système défensif. Les troupes devaient se retirer dans les forts et les camps. Au général Golawine succéda le général Neidhardt, gouverneur général actuel.

Le système défensif ne fut pas plus heureux que le système d'expédition. Les Russes sont attaqués dans leurs retranchements. En 1843, Chamyl s'empare de quatre forts du Koïsoubou; les garnisons sont massacrées. Il entre dans l'Avarie, prend deux forts et bloque Kounzak, la capitale. Tout le Daghestan se soulève. Le général Gourko est bloqué dans son quartier général. Le gouverneur quitte Tiflis pour diriger les opérations. De nouveaux secours avaient été demandés à Saint-Pétersbourg; 27,000 hommes arrivent à la fin de 1843.

Aujourd'hui le gouvernement russe revient au système d'expéditions. Des préparatifs considérables ont été faits en Russie pour, dit-on, *en finir* avec les Caucasiens. Aujourd'hui le sang coule de nouveau dans le Caucase.

Il est difficile de connaître le chiffre de l'armée russe dans les provinces caucasiennes. L'honorable M. Denis, député, qui a fait sur ces provinces un travail très-important [1], le porte à 160,000 hommes. Dans ce chiffre sont alors comprises les colonies militaires et les milices indigènes. L'armée russe proprement dite doit être d'environ 110,000 hommes, sur lesquels 15 à 20,000 périssent chaque année.

M. le duc de Raguse écrivait en 1834 qu'il ne comprenait pas que l'on ne fût pas encore parvenu à réduire ces peuples, et pensait qu'il y aurait un système à adopter pour arriver à les soumettre en quelques mois ou au plus en une année [2]. Il y a dix ans que M. le duc de Raguse s'exprimait ainsi. Les Russes ont essayé de plusieurs systèmes. Leurs meilleurs généraux ont dirigé les opérations; ce ne sont ni les systèmes ni les hommes capables qui ont manqué. La nature ne pouvait changer suivant les caprices des hommes.

Dans le Caucase et en Afrique les mêmes éléments sont en présence. Une force organisée, cu-

Comparaison de l'occupation russe avec l'occupation française.

---

[1] *Revue de l'Orient,* juillet 1843.
[2] *Mémoires du duc de Raguse,* t. I, p. 341.

ropéenne, chrétienne, voulant comprimer une nationalité musulmane, défendue par son fanatisme, ses mœurs, et la constitution de son territoire.

Les Russes ont mis la main à l'œuvre en 1777, ils ne sont pas plus avancés qu'au premier jour; s'ils ont pour eux quelques forts, ils ont contre eux la haine du pays. Ils ont souvent proclamé la soumission des tribus, et aujourd'hui même ils préparent en Europe les plus formidables moyens d'attaque qu'ils aient encore employés.

Nous avons mis la main à l'œuvre en 1830. Souvent nous avons proclamé la soumission des tribus. Dès 1836, le maréchal Clauzel disait à la commission du budget que l'influence personnelle qu'il avait acquise sur les indigènes était au moins égale à celle dont avait pu jouir Abd-el-Kader; il était parvenu, disait-il, à leur inspirer une telle confiance qu'il pouvait aussi facilement les mener au combat que s'en servir pour les travaux de l'agriculture [1].

À cette époque, M. le maréchal Clauzel se contentait d'une armée de 22,920 hommes, et aujourd'hui cette armée s'élève à 90,000 hommes, ainsi que nous le verrons avec détail au chapitre IX.

Si le nombre des soldats que nous entretenons

---

[1] Procès-verbal de la séance du 8 mars 1836.

en Afrique est inférieur à celui des soldats que les Russes entretiennent dans le Caucase, ils ont une bien autre valeur. Ils sont l'élite de notre armée, tandis que l'armée du Caucase est composée en partie de Cosaques.

Ainsi que les Russes dans le Caucase, nous avons eu en Afrique alternativement le système d'expédition et le système de calme.

Les Russes avaient conçu la pensée de cerner les Caucasiens dans leurs montagnes. Nous avons eu l'idée de nous renfermer dans des enceintes fortifiées.

Nous n'en avons pas fait une heureuse épreuve autour de la Mitidja.

Un vaste canal de ceinture avait d'abord été proposé. — L'eau manquant, on parut vouloir se contenter d'un fossé bordé d'un parapet; — puis on a réfléchi que les escarpements et le fossé seraient trop souvent dégradés, et qu'il fallait mieux bâtir un mur continu de 3ᵐ 50 cent., flanqué de petites tours. — Les matériaux étaient chers et d'un transport difficile, le travail mortel dans ces marais pestilentiels; on proposa de remplacer le mur par une grille en fer de 25 lieues de long sur 3ᵐ 50 cent. de haut. Cette grille faite en France, et transportée en Afrique par longueurs d'un mètre, aurait été assemblée sur place; ces précautions auraient permis d'achever le travail avec rapidité, et les ouvriers devaient ainsi échap-

per à la fièvre. — Les vingt-cinq lieues de grille
ayant paru un peu longues, furent réduites à
sept lieues de grilles de fer et à cinq lieues de
madriers de bois. — En 1840 on en revint au
fossé. Ce fossé devait aller de Koleah à la Maison carrée, en passant par Blida. On en fit la
moitié, et on parait avoir abandonné l'exécution
du reste.

Gouverne-
ment
militaire
et gouverne-
ment civil. Les Russes pensant que l'état de guerre continuelle tenait au gouvernement militaire qui ré-
gissait le Caucase, voulurent y introduire les éléments d'un gouvernement civil. — Le sénateur
de Hann vint à Tiflis en 1837 et 1840, chargé
d'introduire en Géorgie le système d'administration qui existe en Russie. L'essai ne fut pas heureux : l'autorité civile que l'on instituait à côté de
l'autorité militaire donnait lieu à des rivalités et
à des tiraillements continuels. La responsabilité
divisée ne portait plus sur personne. La justice,
si elle était moins dure, fatiguait les populations
par ses lenteurs. En définitive, il fallut reconnaître qu'un pays où la guerre est tout doit être
gouverné militairement.

Pour l'Afrique on discute depuis longtemps
sur la prééminence à donner à l'autorité civile ou
à l'autorité militaire. Nous n'espérons pas plus
de l'une que de l'autre; mais il nous paraît incontestable que l'autorité militaire seule peut
convenir à la position que nous avons en Afri-

que. — Relativement aux Arabes, l'autorité militaire peut seule leur imposer et peut avoir assez de rapidité pour arrêter à temps leurs entreprises contre nous. Le gouvernement militaire est de temps immémorial le gouvernement du pays. — Relativement aux colons, leur existence tient à l'existence de l'armée; et, comme le dit très-bien le maréchal Bugeaud, en présence des Arabes, la force, la décision, l'autorité militaire, lui sont bien autrement nécessaires que les libertés municipales. — Relativement à l'armée, l'autorité militaire peut seule en obtenir les sacrifices qu'elle fait pour les colons.

Que l'on compare à ces dominations contestées la domination des maîtres de l'Égypte toujours acceptée par le fellah. En Égypte, l'homme, aussi malléable que le limon du Nil, n'a trouvé dans son territoire aucun moyen de résistance, et est devenu la proie de celui qui a voulu s'en emparer. *Égypte.*

Examinons maintenant l'état de notre occupation.

Aujourd'hui nous formons une nouvelle ligne militaire permanente sur les confins du petit désert, et nous faisons simultanément quatre expéditions : — une dans l'est, dans les monts Aurès, — une dans le centre, dans le Djerdjera, — une dans l'ouest, vers el Aghouat, — et la quatrième contre Abd-el-Kader, qui, cent fois anéanti, reparaît toujours. *État actuel de notre occupation.*

Pendant que nous courons au désert, Abd-el-Kader, avec 500 chevaux, vient faire une razia sur les Béni-Sliman, campés entre trois postes français, Sidi-ben Abbès, Ouizert et Saïda.

Examinons ces différents faits, et nous saurons l'état actuel de notre occupation.

Ligne
militaire sur
le désert. L'an passé le gouvernement et la chambre, par l'organe de sa commission, étaient d'accord sur la limite de l'occupation militaire; elle devait suivre une ligne partant de Tlemcen en se prolongeant par Mascara, la vallée du chéliff, Milianah, Medeah, Setif et Constantine[1]. C'était sur cette ligne que devaient se trouver les postes militaires permanents.

Aujourd'hui la ligne des postes militaires permanents est portée au delà du Tell sur les confins du petit désert. Suivant M. le maréchal Soult, c'est l'expérience qui a indiqué cette nouvelle ligne militaire : en occupant la ligne centrale, on aurait eu à craindre des troubles au sud ; en occupant la ligne du sud, on couvre en même temps et le Tell et le petit désert.

Les documents du ministère ajoutent que ces postes commandent à de grandes étendues de pays, ce qui est difficile à comprendre : le pays est ouvert, et les faibles garnisons que l'on poussera dans ces postes avancés ne commanderont qu'au-

---

[1] *Rapport de la commission du 13 mai 1843, p. 15.*

tant qu'elles auront affaire à peu de monde, ou, si elles éprouvent de la résistance, qu'autant qu'elles seront soutenues par les forces de l'intérieur; les mots imposent quelquefois, mais les choses disent toujours la vérité. Quant au petit désert, nous n'avons rien à craindre de lui; il a besoin du Tell pour ses approvisionnements en grains.

Dans l'est, l'expédition de Biskara ne témoigne pas des dispositions amicales de populations que l'on va remuer jusqu'au sein du désert. Le cheick el Arab, sur lequel nous comptions, n'a pas assez de pouvoir pour faire passer ses chameaux de transport par le défilé d'el Kantara; nous sommes obligés de faire une expédition préparatoire pour les dégager. Nous avons une affaire assez sérieuse à M'chounech; pendant ce temps notre camp de Bêtna est attaqué par trois à quatre mille hommes, et le général Sillègue, qui était sorti de Setif pour faire diversion, est attaqué par douze cents hommes[1]. Notre expédition n'a pas produit son effet, puisque nous en faisons une nouvelle dans les monts Aurès. Quel est le résultat? l'occupation de deux points nouveaux, Bêtna et Biskara. On nous dit qu'on ne laissera qu'un officier français avec des troupes indigènes. Que ces troupes soient indigènes ou françaises, notre solidarité est

[1] *Bulletin de Betna,* 22 mars 1844.

la même du moment que le drapeau ou l'autorité française sont engagés, et nous sommes obligés de venir en appui à ceux qui les auront compromis.

Monts Aurès. L'expédition dans les monts Aurés contre les Ouled Sultan ne paraît pas aussi facile qu'on se l'était promis; elle réussira cependant, c'est-à-dire que nous porterons dans la montagne la dévastation et l'incendie que nous avons portées dans l'oasis de M'chounech[1]. Les Ouled Sultan seront-ils devenus nos amis par ces procédés, et ne serons-nous pas obligés de laisser chez eux une nouvelle force compressive et d'occuper de nouveaux postes permanents?

Tuggurt. M. le maréchal Soult a parlé à la commission de relations à établir avec Tuggurt, et M. le maréchal Bugeaud annonce dans un banquet que M. le duc d'Aumale vient de recevoir foi et hommage du chef de cette oasis[2]. On sait que du protectorat on passe facilement à la souveraineté. Les raisons ne nous manqueront pas. Tuggurt est un archipel d'oasis, et son gouvernement pourrait parfaitement convenir à quelque ambition du jour.

El Aghouat. L'expédition de l'ouest sur el-Aghouat ne paraissait en vérité pas nécessaire, s'il est vrai, comme dit le *Moniteur algérien*, que nous venions

[1] *Moniteur algérien* du 10 avril 1844.
[2] *Moniteur algérien* du 20 avril 1844.

de recevoir la soumission de ben Salem et de son
frère Yahia, qui commandent à el Aghouat depuis plus de trois cents ans[1]. Mais la brochure
officielle envoyée avec le *Moniteur algérien* donne
plus d'explication. L'auteur de la brochure a été
présent à l'audience donnée à Yahia par le maréchal Bugeaud. Yahia dit au maréchal : « Aujour-
d'hui les esprits divisés ne peuvent se rappro-
cher que par l'ascendant du pouvoir. *Mon autorité, si ancienne qu'elle soit, est trop faible pour que
je puisse ramener l'ordre qui serait salutaire à tous.*

» *Vous avez la force qui donne la puissance,* et
la grandeur qui donne la victoire : si l'éclat de
votre protection rejaillit sur moi et sur les tribus
que je commande, si j'ai reçu de vos mains triom-
phantes la consécration nouvelle de ma vieille
autorité, *vous rendrez aux miens la prépondérance
qui leur appartient; et mon autorité,* exercée en
votre nom, *s'étendra* sans contestation sur toutes
les tribus que je viens de citer, et si vous le vou-
lez jusque sur les Beni M'zabs[2]. »

Ceci donne l'explication de l'empressement des
chefs d'el Aghouat : ils ne sont pas maîtres chez
eux, et ils nous demandent de mettre nos troupes
au service de leur politique et de leurs intérêts.

---

[1] *Moniteur algérien* du 20 avril 1844
[2] Brochure offic[ie]lle, envoyée avec le *Monit[eur] alg[é]rien* du 20
avril 1844.

Et aussitôt nous décrétons une expédition de *deux mille ou trois mille hommes chargés de cette conquête pacifique et coloniale.*

El Aghouat est divisé en deux familles qui sont depuis un temps immémorial dans un état d'hostilité sans cesse renaissant. Les collisions sanglantes auxquelles cette situation donne lieu ont engagé les deux partis à élever dans la ville même un mur de séparation, dont la porte se ferme en temps de guerre et s'ouvre en temps de paix. Nous venons de prendre parti pour les Helaf, qui habitent le quartier de l'est, contre les Ouled-Serghin, qui habitent le quartier de l'ouest[1].

A el Aghouat comme à Tuggurt, il y a probablement quelque gouvernement en perspective.

Si nous progressons ainsi d'oasis en oasis, je ne sais où nous nous arrêterons : le *Moniteur algérien* nous dit que nous ne devons pas laisser échapper la moindre occasion d'étendre notre domination *aussi loin et aussi longtemps que nous trouverons de nouvelles peuplades à soumettre,* et que le désert est couvert de villes et de tribus nomades jusqu'à 200 et 250 lieues de la côte.

---

[1] Cette notice est tirée du journal *l'Algérie*, publié à Paris; journal très-bien fait. Nous sommes loin de partager ses opinions et ses espérances; mais cet organe de la presse traite bien et sciemment les affaires d'Afrique : il est à lire et à méditer par tous ceux qui s'occupent de cette question.

Le journal officiel voit déjà arriver à Alger des caravanes apportant les produits de Tombouctou [1].

Ce n'est pas seulement en Afrique que l'on ressent les effets d'un semblable mirage. Dans la commission M. le maréchal Soult nous ayant conduits jusqu'à Tuggurt et el Aghouat, nous a montré de loin la mystérieuse Tombouctou et l'avenir commercial qu'elle renferme. La commission n'a pas accepté les espérances de M. le maréchal. Nous parlerons de ce prétendu commerce au chapitre VIII.

Au premier pas que nous faisons dans le désert, nous voyons que les intérêts s'agitent pour exploiter notre force et notre puissance. Nul doute que nous n'ayons pour amis ceux qui voudront s'appuyer sur notre force; nul doute que si nous pouvions rendre la puissance à l'empereur de Maroc, il ne s'adressât aussi à nous pour lui venir en aide contre ses ennemis et contre ses sujets. Mais la France peut-elle ainsi gaspiller ses finances et ses armées ?

C'était avec grande raison que lord Chesterfield disait à son fils en l'envoyant étudier la politique dans les cours de l'Europe : « Allez, mon fils, et vous verrez par qui les affaires sont conduites ! »

Tombouctou.

[1] _Moniteur algérien_ du 2e avril 1844.

Revenons du désert aux portes d'Alger.

Djerdjera.
Bougie.

Jusqu'à présent nous avions respecté la Kabylie, qui s'étend à l'est de la province d'Alger jusqu'à Bougie. Elle est assise sur les montagnes du Djerdjera, et composée de populations originaires du pays qui jamais ne furent soumises à aucun des conquérants qui passèrent sur l'Afrique. L'expérience que nous avons faite à Bougie de la persistance et de l'énergie de ces populations devait nous garantir de la faute d'entamer le centre d'un pays dont l'occupation côtière nous avait été si douloureuse.

On se rappelle que le général qui s'empara de Bougie en 1833 disait à ses soldats que leur mission était plus agricole que guerrière, qu'ils auraient plus souvent à manier la pioche et la bêche que le fusil[1]. Ces malheureuses victimes de l'ambition de quelques hommes se servent en effet de la pioche et de la pelle; mais c'est pour fouiller cet immense cimetière qui chaque jour engloutit nos soldats. Dès 1836 le général d'Erlon, ancien gouverneur d'Alger, demandait l'évacuation de Bougie, qui en trois ans avait dévoré 3,000 hommes et 7 millions[2]. Huit ans écoulés depuis ont agrandi notre occupation de Bougie

---

[1] *Annales algériennes.* t. II. p. 93.
[2] *Opinion du comte d'Erlon sur ce qu'il convient de faire à Alger.* 1836. p. 8.

seulement du terrain que notre cimetière a conquis. Bougie n'est qu'un ossuaire français.

Cette expérience avait dû faire fléchir l'ambition des conquérants du jour : leurs projets avaient été ajournés.

Le *Moniteur algérien* du 1er mars 1844 témoignait que l'on ne pensait pas à porter la guerre chez les Kabyles, et disait que si ces fiers montagnards ne nous sont pas soumis, du moins ils ne nous sont pas hostiles; ils fréquentent nos marchés et n'aspirent qu'à conserver leur indépendance, qu'ils croient garantie par les forteresses naturelles que forment leurs âpres montagnes. Le *Moniteur* du 30 démentait les projets d'expédition dans les termes suivants : « Pour éclairer le public de bonne foi, nous devons dire que les projets d'exécution dans les montagnes de Bougie n'ont jamais existé. »

Voilà la vérité officielle publique.

Voici maintenant la vérité officielle particulière.

Par sa lettre à la commission de crédits extraordinaires, du 3 mars 1844, le maréchalt Soult, au nombre des raisons qui militent en faveur de la demande de 15,000 hommes pour l'Afrique, indique « la nécessité de faire des démonstrations parmi les populations kabyles qui entourent le Djerdjera, et qui, plus guerrières que le reste des tribus arabes, sont plus difficiles à dompter et seront plus longtemps remuantes. »

La commission, pour fixer son opinion entre les deux opinions contraires du ministre et du gouverneur, demande de nouvelles explications; le ministre répond que l'expédition a été déterminée par la nécessité de ranger dans le nombre des tribus qui payent l'impôt toutes celles qui le payaient au gouvernement turc, et que le moyen de domination à appliquer après l'expédition sera le gouvernement exercé par des chefs indigènes nommés par nous, agissant sous notre autorité, surveillés et appuyés au besoin par nos troupes, et chargés de recueillir l'impôt à notre profit.

M. le maréchal Soult reproduit à la commission ces diverses considérations, et ajoute que M. le maréchal Bugeaud doit se présenter à ces populations d'une manière pacifique; il espère que ce sera une campagne organisatrice du pays et non une expédition de guerre [1], et cependant il pense qu'il sera nécessaire de faire une route de Setif à Bougie [2].

Pendant ce temps les préparatifs s'étaient faits, et le *Moniteur algérien* du 14 avril, oubliant ce qu'il a dit le 1er et le 30 mars, publie la proclamation aux Kabyles où l'on voit cette phrase étrange :

« Soumettez-vous à la France, et il ne vous sera

[1] Séance de la commission du 9 avril 1841.
[2] Séance du 7 mai.

fait aucun mal. Dans le cas contraire, *j'entrerai dans vos montagnes, je brûlerai vos villages et vos maisons, je couperai les arbres fruitiers.* »

L'expédition est partie d'Alger le 19 avril, et se trouve aujourd'hui aux prises avec les populations qui devaient compter sur nos protestations des 1ᵉʳ et 30 mars.

Quelle est donc la vérité de notre situation en Afrique?

Les Arabes sont-ils soumis?

Nous pesons sur l'Afrique, ainsi que nous l'avons dit, avec une force de 90,000 hommes. Notre armée augmente tous les jours en nombre, et est tenue à niveau constant au moyen de détachements qui viennent remplacer les vides faits par la mort dans les hôpitaux. Quelle serait la nation européenne qui ne serait pas comprimée si on employait contre elle, et proportionnellement à ses moyens de résistance, la force que nous employons contre les Arabes? Mais cette nation pour être comprimée serait-elle soumise? et le jour où la force de compression diminuerait, la nationalité ne ferait-elle pas explosion?

Les Arabes que nous avons combattus sont-ils soumis?

Il n'y a pas de soumission de la part des Arabes, il y a seulement compression par la force française supérieure à la résistance arabe.

Ils sont comprimés.

Il y a haine au fond des cœurs; haine justifiée par les malheurs que nous avons accumulés sur cette terre désolée.

Ces malheurs étaient inévitables. La colonisation de l'Afrique mettait en présence les deux nationalités française et arabe. L'extermination des
Arabes en était la conséquence.

Leur exter-
mination.

Dans le principe, la question d'extermination
était posée avec timidité.

Le gouvernement demandait à la commission
envoyée en Afrique si le système de l'expulsion
violente des indigènes, de l'occupation pure et
simple du territoire, de la substitution actuelle,
immédiate, d'une population européenne à celle
qui existait, était praticable[1].

M. le maréchal Clausel s'adressait à M. Desfon-
taines, qui était allé en Afrique étudier la Flore
du pays, pour savoir si le caractère des habitants
lui semblait tel qu'aucun rapprochement ulté-
rieur ne fût possible entre eux et les colons, et
qu'il fallût de toute nécessité les détruire pour
en occuper le sol[2].

M. Laurence pensait que l'Arabe ou le Maure,
sentant l'impossibilité de vivre dans notre voisi-
nage, vendrait et irait acheter plus loin[3].

M. le général Bernard, ministre de la guerre,
exposait à la chambre que « le général français se
voyait condamné à user de moyens dont l'emploi,

[1] *Instructions pour la commission envoyée en Afrique*, p. 3.
[2] *Nouvelles Observations du maréchal Clausel*, p. 38.
[3] Discours à la chambre des députés, *Moniteur* du 2 mai 1834.

devenu de jour en jour plus rare, répugne si jus-
tement à des peuples civilisés. On devait se rési-
gner à refouler au loin, à exterminer peut-être
les populations indigènes. Le ravage, l'incendie
des moissons, la destruction de l'unique industrie
du pays, l'agriculture, étaient le seul moyen d'atteindre un ennemi qu'on s'efforçait en vain de
réduire par un choc régulier et décisif[1]. »

Les bulletins de chaque jour attestaient que,
pour les Arabes ces diverses appréciations étaient
une funeste réalité.

On a vu la vérité de ce que disait, dès 1836,
M. le commandant Pellissier pour résumer toutes
leurs misères : « Partout où nous nous établis-
sons en Afrique, les hommes fuient et les arbres
disparaissent[2]. »

Dans cette rage de destruction chacun se trouve
entraîné par la fatalité.

.. En 1837, le maréchal Bugeaud signifie aux
Arabes, dans les termes suivants, la guerre qu'il
va leur faire : « La première campagne commencera quand vos moissons jauniront ; elle finira
lorsqu'elles seront détruites, ainsi que vos arbres
fruitiers et vos forêts. La deuxième campagne
commencera après les pluies, et durera jusqu'à la

[1] Motifs du projet de loi du 21 février 1838.
[2] *Annales algériennes*, t. II, p. 132.

fin de mars, afin que vous ne puissiez pas semer
vos blés [1]. »

C'est ainsi que la guerre se poursuit pendant
des années entières à travers les trois provinces,
et aujourd'hui le maréchal Bugeaud leur répète
encore : « Soumettez-vous à la France, et il ne
vous sera fait aucun mal. Dans le cas contraire,
j'entrerai dans vos montagnes, je brûlerai vos
villages et vos maisons; je couperai vos arbres
fruitiers [2]. »

On ne fera pas ici le tableau de tous ces mas-
sacres, de toutes ces destructions. Il en a été assez dit autre part [3]; le général Duvivier, qui en
était le témoin, s'exprime ainsi : « Depuis onze
ans on a renversé les constructions, incendié les
récoltes, détruit les arbres, massacré les hommes, les femmes, les enfants, avec une furie toujours croissante. Les bulletins, les rapports officiels, qui en ont tiré vanité, existeront à tout jamais comme pièces accusatrices. Croit-on que la
postérité ne nous en demandera pas compte;
qu'elle ne nous flétrira pas encore plus qu'elle
n'a flétri les compagnons de Cortez et de Pizarre?
Du moins ceux-ci ont eu pour s'excuser la faiblesse de leur nombre, leur fanatisme religieux,

[1] Lettre du maréchal au ministre, 15 mai 1837.
[2] *Moniteur algérien* du 14 avril 1844.
[3] *Question d'Alger*, p. 83.

et surtout la réussite, qui efface tant de choses.
Mais nous qui ne sommes point abrités sous ces
deux égides, si en outre nous ne réussissions pas!
Si on pouvait nous accuser à juste titre d'avoir
ainsi massacré par pur passe-temps, sans avoir
jamais su ce que nous voulions, un peuple dé-
fendant sa foi, sa liberté, son pays! à quelle exé-
cration ne serions-nous pas voués par la postérité [1]? »

Et l'on viendrait nous dire que des populations
qui ont souffert ce que les Arabes ont souffert
sont soumises. En vérité, il faut n'être jamais
descendu dans son cœur pour subir une telle
illusion.

Mais le général et le soldat, qui sont condamnés à la rude tâche de l'extermination, voient la
vérité et la disent.

Le maréchal Bugeaud rappelle qu'en 1842 il
pensait que l'armée qui avait conquis le pays
était, à peu de chose près, nécessaire pour le conserver, et il ajoute que les succès de 1843 n'ont
pas changé son opinion : « Je vois toujours, dit-il,
les Arabes ce qu'ils sont; peuple fier, fanatique,
vigoureux, admirablement préparé pour la guerre,
et prompt à la révolte [2]. »

Opinion du maréchal Bugeaud.

Le soldat de Tlemcen, dans la droiture de son

D'un soldat de Tlemcen.

[1] *Solution de la question de l'Algérie*, p. 283.
[2] Rapport du maréchal au ministre de la guerre, 15 janv. 1844.

cœur et de son esprit, écrit : « Les ravages que
nous leur faisons sont trop cruels pour ne pas se
revenger; lorsque tous leurs troupeaux sont pris,
que leur grain est enlevé, que leur cabane est
brûlée, et que leurs arbres portant des fruits sont
coupés, une partie de leur famille égorgée, il ne
faudrait pas avoir de cœur, lorsque l'on trouve
l'occasion, de ne pas prendre sa revanche [1]. »

Toute cette vie de désordre, de carnage et d'incendie, ne peut que laisser des traces fâcheuses
dans l'esprit de nos soldats. Tous n'auront pas eu
le bon naturel du soldat de Tlemcen. Combien
d'autres auront perdu en Afrique les bons ensei-
gnements que nous tâchons de leur donner dans
leur jeune âge! Quels seront leurs souvenirs au
milieu de leur famille? Les guerres d'Europe
n'ont pas le caractère sauvage qu'entraîne la
guerre d'extermination que nous faisons en Afrique. Souhaitons que le moins possible de nos
concitoyens aille subir une épreuve aussi dangereuse.

La soumission n'existe donc pas.

Les Arabes que nous payons sont-ils soumis?

Les Arabes que nous payons sont-ils soumis?
En 1840 nous ne soldions que les Aribs, une
partie des Douairs et Smelas, quelques Turcs et
Koulouglis. Aujourd'hui nous soldons tous ceux
qui se présentent.

[1] Voir la préface.

Voici à ce sujet la doctrine du gouvernement : « C'est une conséquence naturelle du succès de nos armes; en effet, plus notre domination s'étendra, plus s'accroîtront les contingents des tribus qu'il faudra solder. La création de nouveaux corps de spahis a pour but de réunir par l'intérêt direct ceux qui pourraient se laisser entraîner dans les rangs ennemis [1]. Les indigènes trouvent auprès d'Abd-el-Kader une armée à laquelle les rattachent la religion et le sentiment de nationalité; il faut leur offrir des avantages qui puissent les retenir sur notre territoire et les engager dans nos rangs [2]. »

On pense bien que les Arabes répondirent avec empressement à l'appel qui leur était fait. Quelques-uns même firent escompter leur bonne volonté.

Les Medjers exposèrent humblement au maréchal Bugeaud, lorsque celui-ci leur allouait la solde et la ration militaire à partir du jour de leur soumission, qu'il serait juste de leur faire un rappel de deux mois, attendu qu'il y avait deux mois qu'ils *désiraient* venir à nous. Le maréchal accueillit gracieusement leur requête.

Quoi qu'il en soit, voici les diverses subventions que nous payons aux indigènes en 1844 :

[1] Documents fournis à la commission pour les crédits 1841.
[2] Note de la page 496 du budget 1842.

AU BUDGET DE L'ÉTAT.

Fonctionnaires et agents indigènes...........	330,000 fr.
Prisonniers arabes en France................	100,000
Services militaires irréguliers..............	9,089,329
Les fonds secrets accordés à l'Algérie ont été portés à 259,000 fr. pour avoir action sur les indigènes. C'est sur ces fonds qu'on leur donne des pistolets de 1,500 fr., des sabres de 1,200 fr., des yatagans de 900 fr., des chaînes de montre de 525 fr., etc., etc. [1]. Les indigènes de la régence, juifs, arabes et français, auront pris sur ces 250,000 f. au moins.......................................	150,000

AU BUDGET COLONIAL.

Traitements des chefs indigènes.............	375,000
Solde des kielas et des askars..............	335,000
Secours aux indigènes nécessiteux...........	30,000
	10,429,329 fr.

Les dépenses du gouvernement du dey d'Alger s'élevaient en 1822 à 859,000 dollars [2], soit environ 4,294,000 fr. Nous payons donc aux indigènes plus du double de ce que coûtait le gouvernement de leur pays sous les Turcs.

On prétend que ces indigènes nous sont utiles pour le recouvrement de l'impôt sur leurs compatriotes; on verra au chapitre X que cet impôt a rapporté, en 1843, 1,604,579 fr. C'est donner 10,429,329 fr. pour en recevoir 1,604,579 !

---

[1] Envois faits par la direction des affaires d'Afrique à Paris, le 7 février 1838, et 29 janvier 1839.

[2] Shaler : *Esquisse d'Alger*, p. 30.

Oh! que M. Jaubert avait raison de dire que ce n'était pas nous qui possédions l'Afrique, mais bien l'Afrique qui nous possédait!

En résumé :

Nous entretenons en Afrique une armée française de 76,744 hommes.

Nous fournissons aux indigènes une subvention de 10,429,329 fr.

Les Arabes ennemis ne sont pas soumis.

Les Arabes amis, ceux auxquels nous payons ces 10,429,329 fr., ne le sont pas davantage. Le maréchal Bugeaud, qui les connaît, nous donne à leur égard le conseil suivant : « Ne nous faisons pas illusion à l'égard du concours des Arabes ; ceux qui nous paraissent les plus dévoués ne viendront accroître nos forces qu'autant qu'ils nous verront forts et en mesure de nous passer d'eux et de châtier leurs infidélités [1]. »

Ne répétez donc pas : « Les Arabes sont soumis; j'ai traversé leur pays escorté de deux ou trois cavaliers. » Derrière ces cavaliers était une armée française de 76,000 hommes.

[1] *L'Algérie*, p. 31.

CHAPITRE III.

DE LA COLONISATION EN GÉNÉRAL.

Fertilité du pays. — Grenier des Romains. — Trois cents évêques.
— Blés exportés. — Terres gratuites. — Propriété. — Valeur du
sol en Afrique. — Valeur du sol en France. — Par qui cultiver?
— Par domestiques. — Par fermiers. — Par métayers. — Essais
tentés. — Commandite. — Socialistes.

Fertilité du pays.

On n'a rien négligé pour faire croire à une antique prospérité et à une fertilité merveilleuse de l'Afrique.

Grenier des Romains.

C'était l'ancien grenier des Romains ; mais on a confondu la province d'Afrique (*Africa propria*), actuellement régence de Tunis et partie de celle de Tripoli, avec la Mauritanie césarienne et la Numidie, qui sont aujourd'hui l'Algérie.

Pline, dans une description très-détaillée de cette partie de la géographie romaine, enseigne que Numides vient de nomades, parce que ces peuples changent souvent de pâturages, et que la Numidie ne fournit que de beaux marbres et des bêtes farouches[1].

C'est au sud de Tunis qu'il place « le territoire de Byzacium , région de deux cent cinquante

[1] Pline, livre V, chap. 2.

milles de circuit et d'une fertilité rare ; les céréales y rendent cent pour un [1]. »

On a invoqué le nombre des évêques d'Afrique   Trois cents
au quatrième siècle. Suivant M. Laurence, sur   évêques.
les six cent vingt-cinq évêques établis dans toute
l'Afrique à cette époque, trois cents environ
devaient avoir leurs siéges épiscopaux sur la partie que nous occupons [2]. D'où il tirait la conséquence que cette partie de l'Afrique était riche
et peuplée. M. Laurence s'est mépris sur la qua-
lité et l'importance d'un évêque à cette époque.
A cette époque, on donnait le titre d'évêques aux
pasteurs qui résidaient dans de simples villages.
Le concile de Laodicée et le concile de Sardique
tentèrent d'introduire l'ordre dans ces premières
institutions. Les évêques d'Afrique s'étaient indé-
finiment multipliés en s'instituant les uns les
autres. Le pape saint Léon leur en écrivit d'une
manière fort pressante ; il jugeait qu'il était fort
raisonnable de supprimer à l'avenir tous ces petits
évêchés après la mort de ceux qui les occupaient.
« L'épiscopat, disait-il, étant la royauté du sacer-
doce, c'est l'obscurcir et ternir sa gloire que de
placer son trône *dans des lieux déserts et mal peuplés où il ne peut ni exercer ses divines fonctions ni*

---

[1] Pline, liv. V, chap. 3.
[2] Discours à la chambre des députés. *Moniteur des 1er et 2
mai 1831.*

répandre ses célestes richesses[1]. » A cette époque
le titre de pape était aussi donné aux évêques[2].
M. Laurence aurait pu parler de trois cents papes
aussi bien que de trois cents évêques.

Deux ministres sont venus à la tribune répéter
ces erreurs historiques.

Blé exportés.   On a parlé des importations considérables de
blé faites en Italie. On n'a jamais pu apprécier
ces quantités, et l'on a confondu un fait commercial avec le résultat des tributs en nature prélevés
sur les populations soumises, soit à titre d'*ager
decumanus*, soit à titre de *census soli*[3].

On a voulu tirer avantage de quelques fourni-
tures de blé que l'Afrique a faites à la France à
certaines époques. A juger des exportations en
blé d'Afrique par le commerce général de ce pays,
ces exportations n'ont pu être que très-minimes,
et les états de douane en donnent la preuve. Pendant les quatre années qui ont précédé la conquête
d'Alger, nous avons reçu de toute provenance
5,205,664 hectolitres de blé; et des états barbaresques réunis 14,444 seulement[4]. En supposant
qu'Alger soit entré pour moitié dans ces produits
barbaresques, cela donne une importation en

---

[1] *Discipline de l'Église*, par le R. P. Thomassin, 1678, première
partie, liv. I, chap. 11.

[2] *Ibidem*, chap. 13.

[3] Voir le discours si remarquable de M. Passy, du 1er mai 1831.

[4] *Tableau décennal* 1838, p. 104.

France de 1,805 hectolitres, soit 30 ou 32,000 fr. par an. Il y a dans la Brie et la Beauce nombre de fermes qui produisent davantage.

Aussi voyons-nous aujourd'hui, qu'ayant envoyé en Afrique une armée et des consommateurs, il faut leur porter des blés et autres farineux alimentaires, pour les nourrir. En 1842, on en a porté pour 16,447,676 fr. [1], qu'il a fallu aller chercher partout, principalement à Odessa.

Voilà pour la prétendue fertilité de la terre. Quant à sa disponibilité, on a dit que les Arabes n'y avaient aucun droit et que nous pouvions nous en emparer. *Terres gratuites.*

Au moment de la conquête, on croyait la propriété musulmane constituée comme la nôtre; cette croyance avait été confirmée par le gouvernement, qui a déclaré que l'occupation française a trouvé la propriété *constituée dans l'ancienne régence comme dans les pays civilisés,* pouvant comme partout ailleurs donner lieu à des transactions autorisées par la loi [2].

Depuis, des recherches faites sur la constitution de la propriété musulmane ont suggéré à quelques personnes l'opinion que les indigènes africains n'étaient possesseurs du sol qu'à titre d'usufruit, et que l'état était le seul ayant droit *Propriété.*

[1] *Tableau des établissements français en 1842,* p. 328.
[2] *Tableau des établissements en Algérie en 1838,* p. 257.

de disposer du territoire de grande culture[1] : elles ajoutent que nous avons conquis dans l'Algérie un pays où il n'existe en réalité que des biens nationaux disponibles, et que le gouvernement français est à cet égard en possession de tous les droits et de tous les pouvoirs dont celui des Turcs était dépositaire[2].

M. le maréchal Bugeaud n'a pas vu de même; il pense que la propriété est constituée en Afrique à peu près comme en France. Et en admettant que celui *à qui Dieu a donné la victoire* soit le propriétaire du sol, il ajoute que les difficultés d'exercer ce droit ne seront pas moins grandes. Il signale l'impossibilité d'opérer la spoliation de ces fiers indigènes dont nos théoriciens de France, dit-il, n'ont aucune connaissance[3].

Le gouvernement n'adopte pas non plus ces théories : il prépare une ordonnance qui consacre la propriété indigène.

Cette propriété, comme en France, appartient, soit à des particuliers, soit à des tribus qui jouissent en commun, soit à l'état qui se trouve aujourd'hui substitué aux droits de l'ancien Beylik.

Valeur du sol.   Cette question de propriété éclaircie, quelle est aujourd'hui la valeur du sol?

[1] *De la propriété rurale et urbaine en Algérie,* par M. le docteur Worms, p. 17 et 18.
[2] *L'Algérie,* par le baron Baude, t. II, p. 391.
[3] Rapport de M. le maréchal Bugeaud, du 15 janvier 1841.

Nous avons rapporté ailleurs les différentes opinions sur la faculté productive actuelle de l'Algérie [1]. M. le maréchal Bugeaud en avait fait un tableau bien peu flatteur dans le mémoire qu'il publia en 1838. Depuis il a déclaré qu'il avait été trop absolu dans son opinion, que certaines contrées sont fertiles.

Mais une chose n'a pas changé, depuis qu'il l'avait si bien constatée, et avec la sagacité d'un cultivateur praticien ayant mémoire des sécheresses qui ont souvent arrêté ses travaux : c'est la mauvaise répartition des pluies pendant l'année. « Pendant les chaleurs, c'est-à-dire depuis le 15 mai jusqu'à la fin d'octobre, les terres fortes, en général, se durcissent, se crevassent à tel point que toute végétation cesse et que les instruments les plus perfectionnés ne pourraient y tracer un sillon ; dès lors, les cultures sarclées et successives, les assolements raisonnés qui ne laissent jamais la terre découverte et qui seuls peuvent payer les frais et donner une grande valeur au sol, y sont impossibles, excepté sur les très-petites surfaces que l'on pourrait arroser. Malheureusement, aux époques où l'irrigation serait nécessaire, ces rivières ont si peu d'eau qu'à peine elles peuvent arroser quelques arpents ; on est donc contraint de se borner, en général, à semer du grain

---

[1] *Question d'Alger*, p. 127.

quand les terres détrempées permettent à la charrue
de les pénétrer, c'est-à-dire en décembre, janvier,
février, pendant les intervalles sans pluie. On se
repose après, on fait pâturer ses troupeaux,
jusqu'à ce que le blé soit mûr ; alors on le récolte,
et on se repose encore jusqu'en décembre. Les
circonstances que je viens d'indiquer expliquent
l'état nomade des Arabes ; ils n'ont pu se fixer,
car la culture sédentaire n'aurait pu les nourrir,
puisqu'ils ne peuvent cultiver que pendant un ou
deux mois [1]. »

Ce fait est reconnu par tout le monde, et con-
staté de nouveau par M. Enfantin pendant son
séjour en Afrique. « En Algérie, dit-il, les grands
travaux de la terre, labours, semailles, moisson,
doivent se faire à peu près deux fois plus vite
qu'en France [2]. »

Ainsi que l'a si judicieusement remarqué M. le
maréchal Bugeaud, c'est le climat et le sol qui
ont décidé du genre de culture propre à l'Algérie
et qui de tout temps en ont fait un pays nomade.

Les Arabes en consacrent la plus grande partie
au pâturage. Les récoltes en blé ne reviennent
sur la même terre qu'à de longs intervalles, et
dans les meilleures parties, celles qui par leur position peuvent recevoir les égouts favorables des

---

[1] *Mémoire sur notre établissement*, 1838, p. 21.
[2] *Colonisation de l'Algérie*, 1843, p. 167.

terres supérieures. Leurs belles récoltes ont pu
émerveiller ceux qui, ne sachant en apprécier les
causes exceptionnelles, ont pensé que tout le pays
pouvait en produire de semblables.

Il faut que MM. les colonistes de salon com-
prennent bien que les plantes ont, pour vivre,
besoin de nourriture : cette nourriture provient
de détritus animaux et végétaux, qui mêlés au
sol en constituent la fécondité : lorsqu'une récolte a enlevé une partie de cette fécondité, cette
partie n'y est plus; elle ne peut se rétablir que de
deux manières : ou à l'aide du temps qui permet-
tra à de nouveaux détritus d'enrichir le sol, c'est
ce qui a lieu dans la culture nomade ; ou par les
engrais placés par la main de l'homme, ce qui
a lieu dans la culture que nous pratiquons en
Europe.

Nous ne pourrons jamais faire la culture nomade aussi bien, c'est-à-dire aussi économique-
ment que les Arabes.

Voudrons-nous transporter en Afrique notre
mode de culture de France ? Le sol et le climat
s'y opposent ; mais quand il n'en serait pas ainsi,
quel avantage l'Afrique nous offre-t-elle sur la
France ?

On croit qu'en Afrique on n'aura pas de loyer
à payer comme en France. On est dans une grave
erreur.

Il ne faut pas penser que parce qu'on obtient

à vil prix *une terre nue dans un pays où tout est à créer,* cette terre ne soit pas chargée d'un fort loyer lorsqu'elle est mise en valeur.

Valeur du sol en France.   Il y a en France beaucoup de terres nues et sans valeur. Que l'on étudie les dépenses qu'il faut faire pour défricher, bâtir, clore, planter, amender, fumer une pareille terre, et l'on verra que l'intérêt du capital dépensé représente un loyer aussi élevé que celui que l'on paye pour une terre où toutes ces dépenses sont faites.

Si l'on fait les mêmes dépenses en Afrique, il faudra que ces capitaux rendent le même produit qu'en France; voilà le fermage constitué en Afrique comme il est constitué en France, comme il se constitue partout.

A ces dépenses faites directement par les particuliers, il faudra ajouter les dépenses que fait la commune pour les édifices et les chemins communaux. En France, la plus grande partie de ces travaux sont faits; on y travaille depuis plus de mille ans. Celui qui améliore la culture dans une localité profite de ces travaux faits en commun, et n'a rien à payer pour en jouir. Mais en Afrique il n'y a rien, ni églises, ni routes, ni maisons : tout est à construire et à créer.

Ces deux causes de constitution du fermage sont inévitables.

Elles se produisent aujourd'hui même en Afrique sous les yeux de tous, et l'administration

nous fournit les éléments d'un calcul précis. Elle
concède à un colon civil une maison, qui a coûté
4,500 fr. et 12 hectares de terre, dont 4 défrichés [1]; le défrichement, à 700 fr. [2] l'hectare, a
coûté 2,800 fr. Total 7,300. — Si à cette somme
on ajoute la part afférente à cette propriété, de
ce qu'on aura dépensé pour les chemins et édifices
communaux, on arrivera facilement à une dépense de 10,000 fr., dont l'intérêt, 500 fr.,
répartis sur 12 hectares, donne 41 fr. par hectare.
Mais la culture n'est pas encore commencée; lorsqu'on aura fait les améliorations nécessaires et
dépensé encore 4 à 5,000 fr., l'intérêt des capitaux dépensés sur la terre représentera un loyer
aussi fort que le loyer des bonnes terres en
France.

Dans ce calcul, la terre n'est entrée pour aucune valeur. On voit donc que les travaux à faire
pour mettre une terre en produit la grèvent
d'un intérêt de capital aussi considérable que le
sont les loyers des terres anciennement en valeur.

Quel sera donc l'avantage de coloniser en
Afrique? Pourquoi ne pas coloniser en France?
les capitaux manquent partout.

Après avoir créé une ferme, qui l'exploitera? *Par qui
cultiver?*

---

[1] Arrêté du gouvernement du 5 septembre 1843.
[2] *Moniteur algérien* du 30 octobre 1843.

Cultivera-t-on par domestiques? fermiers? métayers?

Par domestiques.

Pas un de ceux qui auront cultivé par domestiques en France et qui auront vu toutes les difficultés qu'il faut vaincre, en ayant cependant sous la main tous les éléments de succès, ne pensera à commencer une semblable entreprise en Afrique, où les impossibilités sont accumulées. Les essais ne pourront être tentés que par des gens ruinés par leur inhabileté ou complétement étrangers à l'agriculture : ils échoueront en Afrique comme leurs devanciers ont échoué.

Par fermiers.

Par fermiers? Les fermiers d'un pays se déplacent difficilement. Ils changent rarement de province : souvent ceux qui changent ne réussissent pas. Comment espérer qu'un bon fermier qui ne voudrait pas aller à vingt lieues de chez lui, dans un pays de métayers, ait l'idée de traverser la Méditerranée? En fait de fermiers on aura ceux qui n'auront pas réussi en France et qui échoueront partout.

Par métayers.

Par métayers? La combinaison du métayage tient à d'anciennes constitutions sociales, et souvent aussi à la misère du propriétaire et du travailleur. Le métayage demande le concours des deux. Si la misère fait sortir de France un métayer et le conduit en Afrique, quel sera le propriétaire qui voudra aventurer ses capitaux pour les confier à ce malheureux, surveiller sa culture, et être en compte avec lui pour les achats et les ventes?

En 1837, nous avons établi les impossibilités de la colonisation en Afrique [1].

Les causes en sont évidentes pour celui qui connaît la culture ou qui a entrepris quelques améliorations foncières.

L'esprit d'aventure seul a pu prendre le change. Le spéculateur s'en est emparé, et se riant de la crédulité de sa victime, il la conduit à une ruine certaine.

Les essais tentés par les particuliers ont été et *Essais tentés.* devaient être ruineux.

La commandite s'abattit sur l'Afrique : en *Commandite.* 1838, nous avons fait la récapitulation des prospectus des nombreuses compagnies qui avaient offert leur intervention. Nous doutons qu'il en reste trace aujourd'hui [2].

Après la commandite vinrent les socialistes *Socialistes.* modernes : les saint-simoniens n'ayant pas pu faire agréer à l'Europe leurs doctrines régénératrices, les offrirent à l'Afrique.

L'un des adeptes s'adresse à M. Enfantin, et l'engage à rechercher et à dire ce qu'il convient de faire pour le présent, et à formuler pour l'A-

[1] *Question d'Alger*, p. 120.
[2] *L'Algérie en 1838*, p. 139.

frique une nouvelle charte de propriété. Ce n'est
pas en Afrique comme en France : en Afrique le
terrain est déblayé, rien ne peut gêner la liberté
de l'expérimentateur ; que la terre d'Afrique de-
vienne donc pour la France une pierre de touche,
une terre d'essai; l'expérience faite en Afrique
sera plus facilement reçue en France [1].

M. Enfantin compare l'état de la propriété en
France à l'état de la propriété en Afrique. En
France, « nos villages sont des égoïsmes rappro-
chés, mais non associés, toujours disposés à entrer en lutte. » Cet état de choses est le résultat
de la propriété individuelle, qui est la représentation matérielle très-exacte de leur égoïsme
et de leur inintelligence [2]. » En Afrique, la propriété est plus souvent communale qu'en France ;
c'est cet avantage que, suivant M. Enfantin, la
France doit envier à l'Afrique. Il demande que
nous respections « ce sentiment communal que
nous avons perdu et que l'Algérie est peut-être
destinée à nous rendre [3]. »

M. Enfantin propose donc de constituer la ferme
sur ce principe, que « son territoire serait commun quant à la culture, sauf celui consacré à
chaque famille pour son jardin ; en d'autres ter-

---

[1] *Lettre sur la Constitution de la propriété en Algérie*, par
M. Marion, juge à Bone, à M. Enfantin, 1842, p. 82.

[2] *Colonisation de l'Algérie*, par M. Enfantin, 1843, p. 146.

[3] *Ibidem*, p. 148.

mes, pas de familles et de maisons isolées ; pas
de propriété individuelle du sol propre à la culture commune. Culture commune obligatoire
pour tous, des terres de la ferme par les familles
qui la composent[1]. »

Si M. Enfantin avait examiné dans quel état se
trouvent en France les biens communaux, je doute
qu'il eût voulu introduire en Afrique leur régime
comme l'état normal de la propriété. Les difficultés d'administration communale de ces biens
ont vaincu le bon vouloir et la persévérance de
nos administrateurs municipaux et départemen-
taux. Les chefs qu'il veut improviser en Afrique
ne seront ni plus habiles ni plus heureux. Leur
tâche sera bien plus difficile ; en France c'est la
terre seule qui est en commun dans l'administration
des biens communaux. Dans son projet, M. Enfantin veut mettre en commun la *terre et le travail des habitants.* C'est le gouvernement qui dé-
termine le mode d'organisation des fermes et leur
règlement de travail[2]. Chaque famille composant
la ferme a droit à une part correspondante dans
les produits du travail de la ferme[3]. Oh ! que je
plains le malheureux qui sera chargé de répartir
les travaux à faire et de distribuer les produits !

[1] *Colonisation de l'Algérie*, par M. Enfantin, p. 148.
[2] *Ibidem*, p. 161.
[3] *Ibidem*, p. 171.

Si M. Enfantin avait été maire en France, et s'il
avait dirigé une seule fois la prestation en nature
pour les chemins vicinaux, il aurait entrevu la
centième partie des difficultés qui écrasent son
projet.

M. Enfantin paraît compter sur l'Afrique pour
mettre en œuvre l'organisation du travail qui
nous est promise depuis si longtemps [1]. M. Obert,
qui paraît être un adepte de la science nouvelle,
a pris soin de rédiger en quarante-quatre articles
un plan de cette organisation applicable à l'Algérie [2]. Nous n'en sommes pas encore à discuter
les projets de M. Obert; d'ici là il aura pris un
peu d'expérience dans la colonisation qu'il a entreprise dans le Guatemala.

Si nous n'étions menacés que par les prospectus
des compagnies ou les recherches philosophiques
des socialistes, nous serions parfaitement tranquilles; mais les adversaires sont plus sérieux. Ce
sont nos gouvernants qui, voyant que la colonisation ne peut marcher d'elle-même et par les seuls
efforts des particuliers, entraînent l'état dans cette
entreprise ruineuse.

Ils sont loin d'être d'accord sur les moyens :
les uns veulent que le gouvernement opère par

[1] *Ibidem*, p. 116, 123, 273.
[2] *De la Colonisation de l'Algérie pour servir de base à l'organisation du travail*, 1842.

la colonisation militaire, les autres que ce soit par la colonisation civile. D'autres enfin voudraient constituer la colonisation civile au moyen du travail du soldat. Nous examinerons ces trois modes de colonisation.

CHAPITRE IV.

DE LA COLONISATION MILITAIRE.

Régiments frontières d'Autriche. — Colonies militaires russes. — Leur organisation. — Impraticables en France. — Colonies militaires du maréchal Bugeaud. — Essai. — Par soldats libérés. — Par soldats au service. — Condamné par le gouvernement.

Des colonies militaires ont souvent été créées : rarement elles ont réussi. « Le procédé manque le but. Un village qui est un régiment n'est plus un village. Un régiment est toujours coupé carrément. Un village doit choisir son lieu, y germer naturellement et y croître au soleil. Un village est un arbre. Un régiment est une poutre. Pour faire le soldat, on tue le paysan. Or, pour la vie intérieure et profonde des empires, mieux vaut un paysan qu'un soldat [1]. »

Deux exemples de colonisation militaire ont été indiqués : ceux des régiments frontières d'Autriche et des colonies militaires russes. Nous ne pouvons faire, en Afrique, l'application ni de l'un ni de l'autre système.

[1] Victor Hugo, *le Rhin*, t. II, p. 520.

§ Ier. Régiments frontières d'Autriche.

Les populations frontières de l'Autriche étaient continuellement inquiétées par les habitants des montagnes des provinces turques : de là l'idée de leur donner une organisation qui leur offrit des moyens de résistance. La population fut soumise à un régime militaire, et le territoire fut divisé en cantonnements qui devaient fournir un effectif de soldats déterminé. On avait estimé que la population nécessaire pour former un régiment de 2,400 hommes en temps de paix devait être de 50 à 60,000 âmes; elle est aujourd'hui de 100,000 [1].

Les montagnards ne furent pas contenus par cette organisation militaire. Leurs incursions sur le territoire autrichien se renouvellent encore. En novembre 1842, les montagnards, au nombre de 1,500, avaient pillé trois villages de colons.

En Autriche, on n'importait ni soldat ni population, on se bornait à organiser une population existante pour lui donner plus de force. En Afrique, la population à organiser n'existe pas, et si pour 2,400 soldats il faut 100,000 colons nos 80,000 soldats exigeront près de 4 millions de colons.

[1] *Voyages du duc de Raguse*, t. I, p. 81 et suivantes.

§ II. Colonies militaires russes.

Colonies
militaires
russes. Le but des colonies militaires russes était : 1° de réduire la dépense de l'armée permanente, en forçant les soldats à contribuer à leur entretien par les travaux agricoles. 2° D'étendre et d'améliorer l'agriculture et d'augmenter la population. 3° D'accroître la force militaire. 4° De propager l'instruction et la civilisation.

Alexandre et le général Araktchief crurent pouvoir mettre ce projet à exécution en employant les domaines et les serfs de la couronne. Un ukase constitutif de ces colonies fut rendu le 26 avril 1818.

Leur
Organisation. Le maître colon recevait la terre, les bâtiments, le bétail, les instruments aratoires et les semences pour la première année. Des écoles étaient établies pour les enfants. Ce maître colon ne payait pas d'impôt : il était seulement obligé à nourrir deux colons adjoints qui devaient l'aider dans ses travaux [1].

On supposait que d'aussi grands avantages, accordés à des serfs, leur feraient bénir leur nouvelle position, et cependant le gouvernement a

[1] *Essai sur la Colonisation militaire de la Russie*, par M. Lyall. — *Système militaire de la Russie*, par M. Tansky. — *Voyages aux Indes orientales*, par M. Bélanger. — *Voyage du duc de Ragues*, tome I.

éprouvé de leur part les résistances les plus vives.
« La régularité et la monotonie de toute cette
existence de camp, où le lever, le coucher, les
repas et les travaux s'exécutent au son du tam-
bour, les découragent complétement [1]. »

« Combien les pauvres paysans ne gémissent-ils
par sur la sévérité de la police militaire qui les
poursuit sans cesse dans leurs demeures! avec
quels amers regrets, ils déplorent la fatalité qui
les a forcés à devenir colons! avec quelle chaleur
ne s'expriment-ils pas sur la ruine dont ils sont
menacés! leur ancien esclavage civil leur parait
une liberté complète, en comparaison du nouveau
régime militaire dont le joug pèse pour eux [2]. »

« M. le général de Witt, gouverneur des colonies du sud, disait, en 1826 : « Il a fallu traquer
ces peuples comme des bêtes fauves; nous avons
eu des révoltes réitérées à comprimer, et j'ai vu
des milliers d'individus préférant se précipiter
sur nos baïonnettes que de se soumettre à la colonisation [3]. »

Quoi qu'il en soit, le gouvernement russe a
poursuivi son essai avec la persévérance qu'on lui
connait. Les six millions de paysans appartenant
à la couronne, et les immenses domaines qui en
dépendent, lui donnaient toute facilité.

[1] M. Tansky, p. 146.
[2] M. Lyall, p. 46 et 48.
[3] M. Bélanger, *Voyage aux Indes orientales.*

Des colonies d'infanterie furent établies au nord
de l'empire dans le gouvernement de Novgorod,
sous la direction du général Araktchief. C'est à
grand' peine et par d'énormes dépenses qu'on a
pu les soutenir jusqu'à la guerre de Pologne, qui
leur a porté le dernier coup [1]; elles ont complète-
ment échoué [2].

Les colonies de cavalerie établies dans le sud,
sur les bords du Bug, de la Siguiska et du Dnieper,
sous la direction du général de Witt, présentèrent
quelque avantage comme établissement de haras,
dans lesquels les hommes et les chevaux se forment en même temps. La dépense qu'elles occa-
sionnent n'en est pas moins considérable.

M. le duc de Raguse en rend un compte assez
favorable. Mais il n'a pu s'en rapporter à ses
yeux : il reconnaît qu'il voyageait en vue des immenses troupeaux qui avaient reçu l'ordre de se
tenir à portée de la route.

Il y a toujours beaucoup de fantasmagorie dans
l'exhibition de la civilisation improvisée de la
Russie. En 1824, le général de Witt avait donné
à Alexandre une représentation complète de ces
colonies. Les routes avaient été garnies d'arbres
apportés des forêts voisines; les paysans et les
troupeaux, amenés sur le passage du souverain,

---

[1] M. Tansky, p. 130.
[2] *Duc de Raguse*, t. I, p. 193.

étaient ensuite chassés sur un autre point des colonies pour servir à de nouvelles représenta-tions [1]. Cinquante ans auparavant, Catherine avait assisté à une semblable comédie pendant le voyage triomphal que Potemkin lui fit faire à travers les nouvelles provinces de l'empire.

Mais en admettant que les colonies dont l'exis- *Impraticables en France.*
tence est fondée sur les domaines et les serfs de la couronne aient pu produire quelque résultat favorable, nous n'avons pas les mêmes ressources pour en établir de semblables en Afrique.

Nous n'avons pas en Afrique *les terres immenses et d'une fertilité extraordinaire* [2] que le duc de Ra-guse a rencontrées dans les domaines du czar. Les parties du domaine dont nous pouvons disposer sont éparses sur le territoire, et nous empêche-ront toujours d'agir par colonisation compacte et résistante. — La population française s'appartient et n'appartient pas à un maître qui puisse en dis-poser. Si le serf russe préfère l'esclavage civil à l'insoutenable réglementation de la colonie mili-taire, le citoyen français, habitué chez lui à la liberté dans son travail, pourra encore bien moins subir les exigences d'une pareille condition. « C'est de tous les hommes le moins propre à se consti-tuer de bonne grâce, et pour un temps plus ou

[1] M. Tansky, p. 138.
[2] *Voyages du duc de Raguse*, t. I, p. 224.

moins prolongé, en colon militaire, c'est-à-dire
en laboureur soumis à la régularité d'un campe-
ment et courbé sous la discipline du service [1] »

Nous ne pouvons donc en rien imiter les essais
de colonisation militaire des Russes.

§ III. Colonies militaires en Afrique, proposées par M. le maréchal Bugeaud.

Colonies militaires du maréchal Bugeaud.

M. le maréchal Bugeaud est peut-être le seul
chef militaire en position d'être appelé au gouvernement d'Afrique qui possède des connaissances agricoles assez positives et assez pratiques
pour pouvoir apprécier les difficultés de la colonisation. Aussi, lorsqu'il s'est trouvé en présence
de la terre qu'il avait à cultiver et des prétendus
colons qui étaient à Alger, il dut être saisi d'un
profond découragement.

Cependant, voyant la France *condamnée à conserver l'Afrique*[2], s'étant condamné à la conqué-
rir, il se condamne encore à la coloniser.

Quant à la population coloniale, « M. le gouverneur apprit avec étonnement qu'en général les
colons ou plutôt les habitants ne possédaient aucune terre, le sol étant entre les mains de déten-

---

[1] *Rapport de la commission ministérielle sur la colonisation,
du 21 juin 1842, p. 23.*
[2] *Mémoire sur notre établissement à Oran, p. 40.*

teurs qui ne cultivent pas. Il n'y a pas de colonisation sans cultivateurs, et le gouverneur ne comprenait pas qu'on appelât colonisation des agglomérations d'hommes qu'il faut garder et qui ne vivent que d'industries uniquement alimentées par l'armée[1] » qui les garde !

Tels étaient les colons auxquels il avait affaire. Leurs ressources étaient nulles, et le maréchal ne voyait pas pour eux la possibilité de suffire aux dépenses qu'entraîne un établissement agricole où tout est à créer : dépenses de défrichement, constructions, achats d'instruments et de bétail, et avances pour vivre en attendant les récoltes.

Quant au sol, il le connaissait.

Il ne fut donc nullement surpris des mécomptes qu'avaient subis les essais de colonisation civile individuelle. Il les avait prévus et indiqués d'avance, et c'était pour en éviter de nouveaux qu'il avait conçu, en 1838, un système de colonisation militaire. Il l'avait formulé en un projet d'ordonnance réglant les différentes parties de cette colonisation[2].

En 1842, M. le maréchal Bugeaud avait conservé les mêmes opinions. Il les appuyait par de

---

[1] *Moniteur Algérien* du 1er mars 1841.
[2] *De l'établissement de légions de colons militaires dans les possessions françaises du nord de l'Afrique*, 1838.

nouvelles raisons dans la brochure qu'il publia
à cette époque[1].

Aujourd'hui encore, et malgré les essais dont
nous parlerons plus loin, il persiste. Nous le concevons facilement en présence des procédés que
recommandent les partisans de la colonisation
civile. M. le comte Guyot, directeur de l'intérieur, propose d'entourer les villages d'un fossé
avec parapet en terre, afin que *la fermière puisse,
sans sortir de chez elle, veiller au loin sur le chef de
sa famille et sur ses enfants travaillant dans les
champs*[2]. M. Ch. Dupin, rapporteur de la commission ministérielle de colonisation, recommande
aux colons *d'entraver leur bétail par le col et deux
jambes*, afin d'empêcher les Arabes de lancer au
galop, avec une incroyable vitesse, les animaux
dont ils sont ravisseurs[3].

M. le maréchal Bugeaud[4], considérant que
nous ne pouvons maintenir à perpétuité quatre-
vingt mille hommes en Afrique, cherche le moyen
d'alléger le fardeau en diminuant graduellement
l'effectif de l'armée d'Afrique. L'armée, dans son
opinion, ne saurait être réduite sans que nous
ayons au préalable créé une force capable de

[1] *L'Algérie.* Des moyens de conserver et d'utiliser cette conquête, 1842.
[2] *Plan de Colonisation*, du 12 mars 1842, p. 28.
[3] *Rapport de M. Ch. Dupin*, du 21 juin 1842, p. 40.
[4] Mémoire fort remarquable du 15 janvier 1844.

remplacer ce que l'on retranchera des troupes permanentes.

, Il pense que la population européenne constituée civilement n'est propre ni aux opérations militaires qui seront nécessaires ni aux grands travaux d'utilité publique *dont l'exécution doit être poursuivie sans relâche, et doit coûter un ou deux siècles avant que l'Algérie soit au niveau de la France ou de tout autre pays civilisé de l'Europe.* Il n'a pu jusqu'à présent lui demander de fournir les deux journées qu'impose, en France, à tous les citoyens, la loi sur les chemins vicinaux.

La colonisation militaire est donc une nécessité aux yeux de M. le maréchal Bugeaud. Voici les bases qu'il indique pour l'établissement de cette colonisation.

L'ordonnance constitutive ferait un appel à tous les soldats de l'armée active et de la réserve, à tous les soldats et sous-officiers libérés, ayant moins de trente-cinq ans, jouissant d'une santé robuste et d'une réputation de bonnes vie et mœurs.

Elle formulerait d'une manière précise les avantages garantis aux colons pour leur assurer un avenir prospère et une propriété sur la terre d'Afrique. Elle les soumettrait au régime militaire pendant un temps indéfini; elle réglerait l'organisation de la légion, la hiérarchie et les principaux points de la discipline qui doivent donner aux colons la force d'ensemble qui leur est indispensable pour dominer les Arabes, assurer leur existence, celle de leurs familles et l'exécution de grands travaux publics.

Elle réglerait encore le sort des veuves et des enfants mineurs des colons militaires, les droits de la propriété, sa transmission, etc.

Les soldats recevraient un congé de quatre mois pour aller se marier en France.

Au fur et à mesure que l'on aurait établi des légions de colons militaires, on aurait pu réduire dans une certaine proportion l'armée permanente : mais c'est une concession que fait M. le maréchal Bugeaud à des idées d'économie; *dans son opinion profondément réfléchie*, il vaudrait beaucoup mieux ne réduire les troupes régulières qu'après avoir établi 100 à 120,000 familles de colons militaires, ce qui pourrait se faire dans l'espace de dix ans [1].

M. le maréchal Bugeaud pense qu'une famille livrée à ses propres forces ne peut pas fonder son existence future si elle n'a pas en arrivant une avance de 5 à 6,000 fr. [2]. Nous verrons plus tard que l'essai de colonisation militaire a coûté 6,600 fr. par soldat; nous sommes persuadés que la dépense sera beaucoup plus forte par famille

[1] Tout ce qui précède est l'analyse du mémoire du maréchal Bugeaud du 15 janvier 1841.
[2] *Moniteur algérien* du 30 octobre 1843.

amenée au point de se suffire à elle-même. — En prenant pour base du calcul 6,000 fr. seulement, cela donnera pour les 120,000 familles une somme de. . . . . 720 millions

L'armée à entretenir pendant ce temps, à raison de 80 millions par an, aura coûté . . . . 800 millions

Qui seront à ajouter aux. . . . 800 millions que nous avons dépensés jusqu'à présent.

La France consentirait-elle à ajouter pour la colonisation 72 millions aux 100 millions que l'occupation lui coûte par an actuellement? Nous en doutons.

Et fit-elle encore ce nouveau sacrifice, dans dix ans nous en serions au même point qu'aujourd'hui, nous aurions encore besoin de la même armée, car les 120,000 familles ne fourniraient, en fait, qu'un petit nombre de soldats.

En premier lieu, ces familles ne seront pas constituées comme sont aujourd'hui instituées les familles en France. En France, la famille existe depuis des siècles et est aujourd'hui composée d'individus de tout âge; chaque famille présente un certain élément de force; c'est cet élément qui fournit au recrutement. — La famille que veut improviser le maréchal Bugeaud est bien jeune, puisqu'elle en est encore à envoyer en France son chef chercher la femme qui doit lui donner des enfants; malgré toute l'activité qu'ils pour-

ront y mettre, ces enfants dans dix ans ne seront
encore que des enfants : le recrutement ne sera
pas ouvert pour eux.

Les familles ne se constitueront jamais comme
celles de France. Les différents membres qui auront pu en faire partie momentanément en sortiront aussitôt qu'ils le pourront. Nous concevons
qu'un malheureux quitte aujourd'hui la France
pour obtenir, en Afrique, la prime que lui offre
le gouvernement ; mais cette prime ne peut toujours durer, et lorsqu'elle cessera, ce malheureux
reviendra en France.

En supposant même que, dans de longues années, la famille d'Afrique se constitue comme
celle de France, combien de soldats les 120,000
familles de M. le maréchal Bugeaud fourniront-
elles? Leur population s'élèvera à 600,000 individus. La France fournit en soldats un pour cent
de sa population ; dans la même proportion, ces
600,000 individus fourniront 6,000 soldats. Dans
la proportion des soldats fournis par la population
des régiments d'Autriche[1], ces 600,000 individus
fourniraient 14,400 soldats ; mais si le service
militaire est une fois plus lourd en Afrique qu'en
France, ce sera une nouvelle raison pour l'habi-
tant d'Afrique de revenir en France.

Prenez du temps, appelez en aide les milices

[1] Voir page 67.

que vous pourrez obtenir de la colonisation civile, l'armée de France sera toujours nécessaire. Il est impossible d'assigner l'époque à laquelle on pourra la réduire.

Il est concevable que la colonisation militaire paraissant à M. le maréchal Bugeaud le seul moyen de colonisation possible, il ait voulu essayer de ce moyen. C'est ce qu'il a fait.

Le village de Fouka fut commencé en décembre 1841. Le 24 du même mois un arrêté de M. le gouverneur général forma pour le peuplement de ce centre nouveau une compagnie de *militaires libérés*, qui, composée de 75 hommes, fut installée le même jour. Au 1er janvier 1843, c'est-à-dire en un an et six jours, 147 hommes avaient passé par la colonie de Fouka; il n'en restait plus que 47 : 89 l'avaient quittée [1], 11 étaient morts. On avait dépensé en 1841 et 1842 320,071 fr. 16 c., ce qui donne pour chacun des 47 colons qui avaient survécu une dépense de 6,600 fr.

Cette première expérience était cruelle. M. le gouverneur avait été obligé de renoncer aux militaires libérés.

« Ce ne sont pas les soldats libérés qu'il faudrait pour les colonies militaires : outre qu'on n'en trouverait pas assez, à la première difficulté,

Essais par soldats libérés.

Échoué.

[1] *Tableau des établissements français en 1842, p. 149 et 150.*

au premier découragement, ils se rebutent et demandent à s'en aller. Il faudrait des hommes ayant encore plusieurs années de service, et ayant en général des habitudes agricoles. » (Dépêche de M. le maréchal Bugeaud, du 30 octobre 1842.)

Ces hommes, en voyant tomber autour d'eux leurs camarades, et jugeant par la comparaison de ce qu'ils font dans leurs villages l'inutilité de leurs efforts, *se découragent ;* et, comme ils sont libres, ils s'en vont. Il faut, pour satisfaire aux exigences de l'Afrique, faire revivre les anciens temps, et attacher à la glèbe des malheureux qui ne soient pas libres, et qui ne puissent pas quitter la terre où ils seront attachés.

Par soldats
au service.
En nov.... 1842, on plaça à Mered une compagnie de ......ions militaires composée de 66 hommes appartenant au 48ᵉ de ligne [1], et on en fit un essai semblable à Maelma [2].

On avait pensé que ceux-là n'étaient pas libres parce qu'ils n'avaient pas fini leur temps de service; mais on n'avait pas réfléchi aux obligations que la loi du recrutement impose au citoyen. Le soldat doit le service militaire et ne doit pas autre chose; si on lui demande plus, il a le droit de se refuser à des exigences qui constitueraient abus de pouvoir.

[1] *Tableau des établissements français en 1842*, p. 150.
[2] *Ibidem*, p. 160.

Aussi M. le maréchal Soult déclarait-il à la commission de 1843 qu'il « n'avait pu donner son adhésion aux plans qui lui avaient été présentés dans le système de colonisation militaire, parce qu'il les trouvait *inconciliables avec l'état actuel de notre législation militaire*[1]. »

Ces deux procédés de colonisation militaire, au moyen de soldats libérés et au moyen de soldats non-libérés, ont été abandonnés. Par décision du 18 novembre 1843, le village de Fouka a été réuni à la direction de l'intérieur, et son peuplement complété par des colons civils.

Il en sera de même pour Maelma. Aussitôt après leur libération, les colons qui se trouvent dans ces deux localités seront administrés civilement[2].

Tel est aujourd'hui l'état des choses. C'est illégalement que ces soldats sont maintenus en dehors du service militaire et attachés à la colonisation : le gouvernement annonce que c'est transitoirement.

Si un fait semblable se renouvelait, le gouvernement encourrait une grave responsabilité.

[1] *Rapport du 13 mai 1843*, p. 21.
[2] *Tableau des établissements français en 1842*, p. 160.

CHAPITRE V.

DU TRAVAIL DU SOLDAT APPLIQUÉ A LA COLONISATION.

Travail du soldat. — Combattu par le général Duvivier. — Raison
du maréchal Bugeaud. — Mesure illégale.—Ses dangers. — Condamné par la commission de la chambre. — Condamné par le
gouvernement.

Travail du
soldat.

La colonisation militaire directe ayant été condamnée et abandonnée, M. le maréchal Bugeaud
fut contraint d'avoir recours à la colonisation
civile; mais comme elle ne pouvait pas se soutenir d'elle-même, il voulut l'appuyer par la colonisation militaire indirecte, et il imagina le travail du soldat appliqué à la colonisation.

Le soldat devait être employé, et a été employé,
à défricher des terres, à creuser les fossés d'en-
ceinte des villages, et à construire des maisons qui
sont ensuite concédées à des familles civiles. —
Chaque colon civil recevrait ainsi un ou deux
hectares défrichés par les soldats [1]. Les brous-
sailles, les palmiers nains, sont si bien arrachés,
que l'on peut immédiatement semer sur ce terrain de l'orge ou du froment, avec bonnes chan-

---

[1] *Tableau des établissements français en 1842, p. 137, 161, 161,*
200, 201.

ces de succès : pour être ainsi préparé, l'hectare demande trois cent cinquante journées de nos soldats à huit heures de travail par jour [1]. Le soldat fait aussi les barrages, les canaux d'irrigation [2].

M. le général Duvivier, qui pendant douze ans a fait la guerre d'Afrique, s'indigne de semblables projets, et se porte le généreux défenseur de nos soldats. *Combattu par le général Duvivier.*

« Pour que l'armée facilite l'acte de la colonisation, dit-il, elle donnera toutes ces terres et ces maisons aux colons quelconques qui arriveront, et elle ira au fur et à mesure défricher des nouvelles terres, bâtir de nouvelles maisons, encombrer de nouveaux cimetières, afin de les livrer ensuite de la même manière au premier arrivant. Pour que ces arrivants soient sans retard établis le plus commodément possible, l'armée leur creusera des canaux d'assainissement, leur fera des routes, des ponts et des fontaines. Tous ces travaux ne coûteront que très-peu en argent, car on ne donnera aux soldats que de minimes indemnités; *quant au nombre d'hommes morts ou à jamais perdus de santé* que ces mêmes travaux coûteront, le soin d'en faire la somme et l'estimation sera laissé à leurs familles en France.

» Est-ce donc dans une telle spéculation que

[1] *Moniteur algérien* du 30 octobre 1843.
[2] *Moniteur algérien* du 10 avril 1844.

la France tolérerait la consommation de ses armées, sans souvenance des lois sous la protection
desquelles elles ont été créées, sans remords pour
tant de funérailles ?

» Le soldat n'a ni les nombreuses décorations,
ni les avancements, ni la gloire des bulletins, ni
le mérite des hautes combinaisons stratégiques
des rapports. Exemple incessant et vénérable de
stoïcisme et d'abnégation, le sentiment seul du
devoir envers la patrie inspire sa bravoure bril-
lante sans arrière-pensée de fortune ; son seul
désir, son seul espoir, sont de retourner dans sa
famille dès que le temps fixé par la loi aura été
accompli, — et l'on voudrait encore faire de lui
*le contribuable du trésor, le serf des colons, l'homme
lige des ambitieux !* —Oh ! non, on ne saurait vouloir tout cela, car le gouvernement ne saurait le
tolérer. »

C'est cependant ce qui a été fait : l'armée a
construit plusieurs villages dont elle a défriché
les terres [1]. — Le courage et l'éloquence du général Duvivier ont été impuissants à protéger nos
soldats.

Raisons du
maréchal Bu-
geaud.

La raison invoquée par M. le maréchal Bugeaud pour imposer à l'armée ces travaux de colonisation est celle-ci : *En agissant autrement il
faudrait faire tous les grands travaux à renfort de*

---

[1] *Moniteur algérien* du 21 mars 1811.

*budget : cela nécessiterait des sommes énormes que
les chambres ne voteraient pas [1]. »*

Certes, il n'est pas un général parmi ceux qui
ont commandé en Afrique qui ait eu pour le soldat plus de sollicitude que n'en a eu M. le maréchal Bugeaud. Il a dû cruellement déplorer la nécessité où il se trouvait d'ajouter au service militaire les fatigues de travaux aussi pénibles que
ceux qu'entraînent en Afrique les défrichements ;
— il reconnaissait que les chambres ne voteraient
pas les sommes nécessaires pour la colonisation,
et il prenait sur lui d'imposer au soldat seul la
charge qui devait peser sur tous les contribua-
bles, c'est-à-dire de transformer un impôt en
argent qui peut être réparti sur tous, en un impôt
du sang, qui n'atteint qu'un petit nombre et le
pauvre.

Telle était l'extrémité à laquelle le réduisait
l'Afrique.

Cette mesure était illégale et ne pouvait avoir
de durée. Mesure illé-
gale.

Le principe général de l'établissement d'un
impôt est qu'il doit être réparti sur tous, et proportionnellement aux revenus, et à la consommation de chacun. C'est par des impôts ainsi perçus
que les besoins de l'état sont couverts.

Si la défense du pays avait été aussi bien ga-

[1] *Mémoire du 15 janvier 1844. — Moniteur du 15 août 1843.*

rantie par une armée de mercenaires, qu'elle l'est par une armée de citoyens libres, nul doute que le principe de l'égale répartition de l'impôt n'eût exigé pour ce service comme pour les autres que l'on prélevât l'impôt sur tous, et proportionnellement à la fortune. L'intérêt politique dut confier la défense du pays aux citoyens eux-mêmes : le système militaire qui a prévalu n'appelant pas tout le monde sous les drapeaux, amena le tirage au sort.

Mais c'est par exception et pour un but déterminé, LE SERVICE MILITAIRE, qu'il a été fait dérogation au principe général, et que la loi du recrutement a été conçue.

Il n'est permis à personne d'étendre cette exception, de violer la loi et de rétablir en faveur de l'Afrique la corvée abolie en France.

Le soldat ne doit que le service militaire ; en exiger un autre, c'est commettre un abus de pouvoir.

Si la France veut coloniser l'Afrique au moyen du travail de ses soldats, il faut une loi qui les y oblige.

Quelques personnes auraient voulu que tous les citoyens fussent soumis au service militaire, et elles blâment l'état de choses actuel.

Nos colonisateurs ardents consentiraient-ils à cette mesure qui pourrait condamner leurs enfants aux travaux d'Afrique ? J'en doute, malgré toutes les précautions que prend M. le maréchal Bugeaud pour acclimater nos soldats avant de les employer à ces travaux pénibles [1].

Si la France veut exécuter les travaux de colonisation du maréchal Bugeaud sans employer le travail du soldat, il faut porter au budget une augmentation de 70 millions par an. Nos colonisateurs ardents voudront-ils payer leur part de ce nouvel impôt?

S'ils n'y consentent pas, pourraient-ils rejeter sur les soldats les douleurs qu'ils voudraient épargner à leurs enfants! surcharger les bras des soldats pour ménager leur bourse?

Le soldat ne doit donc pas être contraint au Ses dangers. travail pour la colonisation civile.

Mais, dira-t-on, s'il consent, s'il demande à travailler, pourra-t-on lui refuser du travail?

Nous savons que cela s'est fait en France, et nous blâmons cette mesure.

Ici nous ne parlons que des dangers qu'elle entraîne en Afrique.

Dans ce pays le malheureux soldat cherche tous les moyens de tromper son ennui et de diminuer les privations qu'il endure.

Lorsque le budget colonial lui offre dix sols pour sa journée, il les accepte. Il se met à fouil-

[1] *Moniteur algérien* du 24 mars 1844.

ler la terre du colon, et à la fin de sa journée il peut se procurer quelque douceur.

Mais qu'en résulte-t-il? le soldat fatigué par ce nouveau travail consacre à la boisson le prix de sa journée, et contracte des maladies. C'est ce que le gouvernement avait reconnu en 1836, dans une note fournie à la commission du budget pour 1837 : « On a dû renoncer à employer les troupes à la récolte des foins, parce que la santé des hommes en souffrait beaucoup, et que s'il y avait économie sur le fourrage, le service des hôpitaux éprouvait des excédants de dépense. »

Puis sous le rapport de l'effectif, comme le soldat ne peut en même temps défricher et faire son service, le service militaire est en souffrance, l'effectif n'est plus assez considérable, et l'on vient demander aux chambres une augmentation d'effectif. Telle est en effet l'une des raisons invoquées par le ministère en faveur de la demande de 15,000 hommes faite en 1844.

« La colonisation elle-même n'est pas restée étrangère aux considérations qui ont motivé la demande d'un surcroît d'effectif [1]. »

Comme on ne peut prendre ces surcroîts d'effectif sur l'armée de France, ce sont de nouvelles levées d'hommes qui sont faites sur la population. Ces hommes sont enlevés à leurs familles qu'ils

[1] Lettre du maréchal Soult à la commission du 3 mars 1844.

soutiennent par leur travail, et, comme le dit si bien le général Duvivier, ils deviennent *les hommes liges du colon.*

Dans aucun cas, ni forcément ni volontairement, le soldat ne doit être employé à la colonisation.

Une dernière considération d'intérêt général vient à l'appui de celles présentées en faveur de nos soldats, et s'applique à tous les systèmes de colonisation militaire ou de travaux coloniaux à exécuter par l'armée.

Tous ces systèmes tendent à augmenter le nombre des hommes vigoureux enlevés à la France et donnés à l'Afrique. — Il en résulte que la France perd ainsi tous les jours une partie de la population adulte, qui composerait au besoin la réserve en temps de guerre. — Il en résulte encore que l'Afrique prenant par le recrutement ce qu'il y a de plus beau dans la population, les hommes inférieurs restent en France.

On a reproché aux guerres de l'empire d'avoir abâtardi la population française; qu'aurait-on à dire si la colonisation de l'Afrique perpétuait sans nécessité cet état de choses?

Le travail pour la colonisation ne saurait donc, sous aucun rapport, être fait par le soldat.

La commission de la chambre, nommée en 1844, condamne le travail du soldat appliqué à la colonisation; elle s'exprime ainsi : « Tout ser-

Condamné par la commission de la chambre.

vice militaire est le devoir de l'armée, elle doit
coopérer aux travaux qui s'y rattachent, fortifications, retranchements, routes, hôpitaux, magasins, casernes; mais nous ne pensons pas que
les maisons des colons, le défrichement, et surtout les desséchements, si dangereux pour la
santé des travailleurs, puissent être demandés aux
soldats. Nous avons été heureux de recevoir
de M. le maréchal Soult, président du conseil,
dont la constante sollicitude pour le bien-être de
l'armée est si grande, l'assurance qu'il adoptait
complétement cette opinion [1]. »

Condamné par le gouvernement. M. le maréchal Soult a dignement, dans cette occasion, ainsi qu'il l'avait fait l'an passé à l'égard
de la colonisation militaire, conservé les droits du
soldat. C'est en conservant leurs droits que l'on
peut leur rappeler leurs devoirs, et maintenir dans
l'armée la rigoureuse discipline qui lui est nécessaire.

Quant au travail de colonisation exigé des
condamnés militaires, nous ne nous en expli-
quons pas; en tous cas, il n'est pas possible d'assimiler les soldats aux condamnés : c'est ce qui
se pratique en Afrique, en les employant aux
mêmes travaux.

M. le maréchal Bugeaud nous dit que le travail du soldat coûte moins que le travail civil :

---

[1] Rapport de M. le général Bellonnet, de mai 1844.

pour arriver là, il ne compte que la gratification de 50 centimes par jour donnée au soldat, et il laisse de côté l'entretien du soldat par l'état. Cette idée financière ne peut appartenir à M. le maréchal Bugeaud; elle appartient nécessairement à la direction financière de l'Algérie. Nous connaissons la manière de compter de M. le directeur des finances d'Alger. En 1836, il évaluait à 120,000 francs la dépense des deux expéditions de Mascara et Tlemecen : elles avaient coûté plusieurs millions[1].

M. le maréchal Bugeaud, dans son mémoire de janvier 1844, dit que *l'armée apporte à la colonisation trois espèces de capitaux : 1° La sécurité, qui est par le fait un grand capital; 2° le capital de ses bras; 3° et le capital de son budget.*

Il est juste de restituer cette découverte à M. le directeur des finances d'Alger. Dès 1836, il signalait « la plus value qui résulte du concours des troupes aux travaux des routes, des dessèchements, des constructions et de l'agriculture » (capital de ses bras), et « l'espèce de prime que donne au cultivateur, au négociant, à l'armateur, la consommation de ces mêmes troupes[2]» (capital de son budget).

M. le maréchal Bugeaud sait parfaitement que

[1] *Aperçu sur la situation politique des possessions françaises*, par M. Blondel, p. 29.
[2] *Aperçu de la situation politique*, avril 1836, p. 38.

les travaux des routes stratégiques exécutés par les soldats ont coûté une fois trois quarts plus que les mêmes travaux exécutés par les ouvriers libres, et que les travaux des fortifications de Paris exécutés par les soldats ont coûté plus du double que les mêmes travaux exécutés par les moyens ordinaires.

Le travail du soldat, appliqué à la colonisation, est donc, aussi bien que la colonisation militaire directe, reconnu contraire à la législation militaire et condamné par le gouvernement.

CHAPITRE VI.

COLONISATION MIXTE PROPOSÉE PAR M. LE GÉNÉRAL DUVIVIER.

Idées générales. — Extinction du paupérisme. — Soldats colons. — Trappistes. — Paupérisme. — Occuper les montagnes. — Plaines malsaines. — Avantages stratégiques. — Projets non réalisables.

On a publié un grand nombre d'ouvrages sur l'Afrique, plusieurs sont fort remarquables et par les connaissances étendues de leurs auteurs et par les vues qu'ils présentent. En première ligne, nous placerons ceux de M. le général Duvivier [1]; ils attestent des études profondes, un jugement indépendant et un patriotisme réfléchi.

Nous donnerons ici un aperçu de ses idées sur l'Afrique et sur le genre de colonisation qu'il croit possible.

Nous avons vu au chapitre Ier que sous le rapport maritime, M. le général Duvivier considère les ports en Afrique comme un danger.

Il fait justice des illusions que nous fait subir

[1] *Solution de la question de l'Algérie, 1841. — Recherches sur la portion de l'Algérie au sud de Guelma, 1841. — Ports en Algérie, 1842. — Quatorze observations sur le mémoire de M. le général Bugeaud, 1842.*

l'Afrique à l'égard des avantages commerciaux, coloniaux et agricoles qu'elle promet à la population française[1].

Extinction du paupérisme. C'est principalement sous le rapport de l'extinction du paupérisme que le général Duvivier envisage l'Afrique[2]. La colonisation militaire lui viendrait en aide. « On vient d'envoyer des trappistes pour cultiver en Afrique; c'est une heureuse pensée. Des bataillons permanents cultivant à leur bénéfice seraient aussi des hommes pliés à la pauvreté, à la discipline et au travail; ils formeraient un second modèle moins accompli que celui des trappistes. Sous ces exemples et sous ces protections religieuses et militaires, s'établiraient les colonies du paupérisme. Alors on serait assuré de progresser vers la colonisation et la civilisation. Oui. Pendant un grand siècle il faut que la colonie d'Afrique soit un immense ordre religieux, agricole et militaire, ayant fait vœu de pauvreté, de discipline et de travail[3]. »

Je ne puis partager les espérances de M. le général Duvivier. Les trois éléments auxquels il a recours portent en eux la négation de la colonisation.

Soldats colons. *Soldats colons.* Nous avons vu que les régiments

---

[1] *Solution de la question,* p. 272.
[2] *Quatorze observations,* p. 135.
[3] *Quatorze observations,* p. 142.

frontières d'Autriche avaient été créés avec une population existante, et que les colonies russes avaient été entreprises avec les serfs dont la couronne pouvait disposer ; ici il faudrait opérer avec des citoyens libres et les transporter de France en Afrique. Nous avons dit en traitant des colonies proposées par M. le maréchal Bugeaud, que l'on ne peut espérer de la population française une semblable transformation.

Trappistes. Nous en parlerons plus loin.

Paupérisme. Les malheureux que M. le général Duvivier a en vue seront-ils établis à l'état de famille ? Je crains, dans ce cas, que toutes ne s'écroulent, ainsi qu'il est arrivé aux familles libres de la colonie agricole de Wortel. — Seront-ils à l'état de célibat et conduits militairement au travail, ainsi qu'il en était, à la même colonie, pour les pauvres assujettis ? Je doute que beaucoup de Français consentent à aller chercher si loin une aussi triste existence.

M. le général Duvivier propose d'abandonner les plaines et le littoral, et de transporter l'occupation militaire et la colonisation dans les montagnes[1]. Dans ce système, Alger, Bone et Oran ne seraient que des têtes de pont, et les capitales seraient placées dans les montagnes[2]. Le général est

Trappistes.

Paupérisme.

Occuper les montagnes.

[1] *Solution de la question de l'Algérie*, p. 118.
[2] *Quatorze observations*, p. 110.

conduit à cette combinaison par deux raisons principales :

1° L'impossibilité, selon lui, d'assainir les plaines, telles que celle de Bone, de la Mitidja, qui sont des foyers de maladie et de mort[1], et il développe à ce sujet une théorie basée sur des exemples nombreux. Les plaines, pour les Européens, sont et seront longtemps de vastes tombeaux[2] ; il blâme avec raison le retranchement fait dans la Mitidja. Il craint que dans cette mauvaise opération le gouvernement n'ait cédé aux criailleries incessantes des colons propriétaires de terre. « L'armée, dit-il, au contraire, ne crie pas, et tous les malheureux soldats dévorés par les fièvres et les maladies ne sortiront pas de leurs tombes semées dans ces plaines pour réclamer. Est-ce donc dans ces faits qu'on trouverait des raisons suffisantes pour enterrer nos bataillons dans la Mitidja ? Laissez donc là cette néfaste plaine, cet allié le plus puissant de l'ennemi; franchissez donc, en *vous bouchant le nez*, cet infect fossé, divisez la question : de ce côté-ci restreignez-vous au Sahel; de l'autre côté, placez-vous dans les montagnes[3]. »

2° Les avantages sous le rapport militaire : et

---

[1] *Solution de la question de l'Algérie*, p. 117.
[2] *Ibidem*, p. 118.
[3] *Ibidem*. p. 198.

le général Duvivier rappelle le vieux proverbe :
« Qui est maitre de la montagne est maitre de la
plaine, » et il en fait ressortir la vérité[1]. En cas
d'invasion d'armée européenne, le système du général n'offrirait à l'ennemi que des plaines inha-
bitées, broussailleuses, marécageuses, impraticables, et, par conséquent, toutes les difficultés
de vivre et de logements contre lesquelles nous
luttons. Si, au contraire, elle rencontre des routes, une campagne ouverte, cultivée, bâtie, elle
se retrouve en Europe avec la guerre d'Europe,
et les ressources en vivres et logement que l'Europe offre aux armées ennemies[2].

Nous avons trouvé dans les deux ouvrages
de M. le général Duvivier l'empreinte d'un
esprit élevé et bienveillant pour le peuple. Nous
aurions voulu nous associer à ses vues, mais
nous ne le pouvons pas. Pour tenter l'exécution de cette colonisation paupériste, il faudrait
faire de grandes dépenses qui viendraient encore
à la charge de la population française : les 100
millions jetés par an en Afrique appauvrissent
d'autant la France et augmentent le paupérisme.
De nouvelles dépenses ne pourraient qu'aggraver
le mal.

[1] *Solution de la question de l'Algérie*, p. 51.
[2] *Quatorze observations*, p. 99, 100.

7

Ayant épuisé tous les moyens de colonisation militaire directe ou indirecte, nous sommes obligés d'en revenir à la colonisation civile.

CHAPITRE VII.

COLONISATION CIVILE.

Ses difficultés. — La colonisation est cependant nécessaire avec
l'occupation générale. — Les peuples ne s'improvisent pas. —
Nombre de colons nécessaires. — Colons existants. — Concessions
—Trappistes.—Prêts.— Dons faits au colon.—En immeubles.—
Cultures alimentaires. — Cultures tropicales. — Colonisation
civile impossible. — Toute colonisation impossible.

Nous avons indiqué au chapitre III les diffi- Difficultés.
cultés générales de toute espèce de colonisation
en Afrique. Nous avons traité ailleurs [1] cette
question. Les faits ont donné raison à nos prévi-
sions. Nous nous bornerons ici à présenter quelques considérations nouvelles, et à indiquer les
moyens employés par le gouvernement pour
favoriser la colonisation civile.

La colonisation est demandée par les partisans
de l'Afrique, principalement par cette raison
qu'une guerre européenne arrivant, les commu-
nications avec l'Afrique seraient interrompues,
le ravitaillement journalier deviendrait impos-

[1] *La Question d'Alger,* p. 127.

sible, et l'armée serait exposée à périr de faim et de misère.—Donc, nécessité de créer en Afrique des moyens d'existence pour nos troupes et pour la population européenne.

Les adversaires de l'Afrique reconnaissent ce danger ; ce danger est même une des raisons qui leur font combattre tout système d'occupation autre que celui de l'occupation maritime.

Ils ne pensent pas que l'état des choses en Afrique puisse être modifié assez promptement pour que le but que se proposent les colonistes puisse être atteint sans qu'un jour ou l'autre on soit surpris par une guerre européenne.

C'est un peu- *En Afrique, il faut tout un peuple pour do-*
ple à créer.
miner le pays et résister à l'étranger en temps de guerre.

Il ne s'impro- Les familles ne s'improvisent pas : les peuples
vise pas.
s'improvisent moins encore. En étudiant avec quelle lenteur les divers points du globe se sont peuplés, on voit qu'il faut des siècles et des circonstances bien favorables pour constituer un peuple nouveau [1]. Dans une semblable affaire les millions ne rachètent pas le temps.

D'après les calculs du maréchal Clauzel en 1832, l'Algérie devrait compter aujourd'hui 6 millions de colons [2]. On verra plus loin que la popu-

[1] *La Question d'Alger*, p. 121.
[2] Discours. *Moniteur* du 21 mars 1842.

lation européenne est de 65,000 individus, dont
2,337 cultivateurs.

A part cette considération de guerre, les colonistes ont-ils calculé la force de population agricole nécessaire pour nourrir l'armée et les Européens qui sont à sa suite?

Nombre de colons nécessaires.

Aujourd'hui nos troupes européennes et indigènes s'élèvent à 90,000 hommes, et la population
européenne s'élevait au commencement de 1844
à 65,000 âmes. Total 155,000.

Suivant la proportion ordinaire entre la population agricole et la population qui consomme
sans cultiver, il faudrait, en Afrique, de 4 à
500,000 cultivateurs pour nourrir ces 155,000
non cultivateurs. Ce chiffre serait même probablement faible, attendu que les 155,000 consommateurs ne sont pas, comme la population
moyenne d'un pays, composés d'individus de
tout sexe et de tout âge, mais, au contraire, sont
pour la plus grande partie composés d'hommes,
et d'hommes dans la force de l'âge. Or, au 1er octobre 1843, et d'après les documents ministériels,
la population véritablement agricole s'élevait à
2,801 individus[1], que le rapport de la commission
réduit à 2,337[2], d'où il suit que l'œuvre de la
colonisation n'est pas encore commencée.

Colons existants.

1 *Tableau des établissements français en 1842*, p. 171.
2 Rapport du général Bellonnet, 17 mai 1844.

On voit que cette population européenne, présentée comme signe de progrès et de prospérité, n'est autre chose qu'une population flottante dont l'existence est attachée à celle de l'armée. Cette population, comme l'indique le rapport, serait un embarras de plus si la guerre européenne éclatait.

En présence d'un pareil danger, le gouvernement a recours à tous les moyens pour augmenter le nombre des cultivateurs.

Concessions. Malgré le mauvais résultat des concessions faites, il en fait de nouvelles et donne encore à la colonisation d'autres encouragements.

Trappistes. Un arrêté ministériel du 11 juillet 1843 concède à une société de trappistes 1020 hectares, situés à Staoueli, lui accorde une subvention de 62,000 fr., productifs d'intérêt à 4 p. % après cinq ans, et l'exempte de tout impôt pendant dix ans.

L'administration leur abandonne des bœufs, vaches, moutons et agneaux provenant de razias; leur concède à cheptel des bœufs de labour; leur distribue des arbres et des semences; leur prête des condamnés militaires pour les aider dans leurs constructions [1]; enfin leur fournit des instruments aratoires [2]. Ces avantages sont grands; nous doutons cependant du succès.

Admettons-le, il n'aurait aucune valeur pour

---

[1] *Tableau des établissements français en 1842*, p. 165.
[2] *Ibidem*, p. 170.

les progrès de la colonisation. En premier lieu,
la population n'en sera pas augmentée. En second
lieu, de ce qu'une association de célibataires,
dans la force de l'âge, auraient pu par leur travail
se créer des moyens d'existence, il ne s'ensuit
pas que les trois ou quatre membres d'une famille
dont souvent le chef seul pourra travailler puissent vivre avec le travail d'un seul. Et d'ailleurs,
le travail fait par des ordres religieux ne sera
jamais en Afrique que ce qu'il est partout : une
exception imperceptible.

Les trappistes sont au nombre de vingt-cinq ;
c'est 2,480 fr. pour chacun, dans l'allocation de
62,000 fr., sans parler des autres avantages qui
leur sont accordés. A moins de frais, une famille
laborieuse prospérerait en France.

L'administration nous fera connaître l'an pro-
chain les nouveaux secours donnés aux trappistes
et les succès qu'ils auront obtenus.

Un autre mode d'encouragement à la colonisa- Prêt.
tion consiste dans un prêt de 1,000 fr. à une
famille qui s'établit sur le domaine d'un colon.
Six ans après, cette somme commence à être
remboursable par cinquième chaque année. Si la
famille ne rembourse pas, le colon doit rembourser.
Si le colon ne le fait pas, l'état perd l'avance faite.

Si la combinaison réussit, le résultat est que
l'état aura mis en valeur la terre du colon, qui,
alors, la louera plus cher.

Un arrêté du 22 septembre 1843 a créé d'après ces bases un *centre de population*, sur les propriétés de MM. de Vialar et Caussidou, à une lieue de Douéra.

Le point de départ de la colonisation est l'arrêté du 18 avril 1841, qui déclare la gratuité des concessions, le droit d'expropriation pour cause d'utilité publique des propriétés particulières qui auraient, par délibération du conseil, été reconnues indispensables à la colonisation.

Dons faits aux colons.

Outre la concession gratuite du terrain, le colon reçoit des secours de route jusqu'au port d'embarquement, — le passage gratuit de Toulon ou Marseille à Alger, — des matériaux à bâtir pour une valeur de 600 fr. — On lui prête des bœufs ; — on lui délivre des instruments aratoires, des semences et des arbres que l'on fait venir de France et de Gênes ; — on lui distribue des bestiaux provenant des razias, — et en certaines circonstances on lui défriche un ou deux hectares. — Un service médical est organisé pour la visite des villages et le traitement gratuit des colons malades.

L'administration termine cette nomenclature de secours aux colons en disant qu'elle leur fournira *tous ceux qu'on croira devoir leur distribuer* [1].

[1] *Tableau des établissements français en 1842*, p. 160, 161, 162, 170, 171, 261.

Dans d'autres circonstances on concède au co- En immeu-
bles.!
lon, moyennant 1,500 fr., les maisons et terres
défrichées [1], qui ont coûté à l'état 7,300 fr. Ainsi
que nous l'avons établi plus haut, on donne donc
au colon 5,800 fr.

Cette somme suffirait pour faire le bonheur en
France de trois familles laborieuses et honnêtes ;
je doute qu'elle soit suffisante pour le privilégié
d'Afrique.

Oh! combien M. le maréchal Bugeaud doit
souffrir en pensant à ces bons paysans du Péri-
gord qui ont besoin de tant de choses, et auxquels
le génie fiscal enlève le plus qu'il peut, pour, à
leurs dépens, établir en Afrique des gens qui ne
les valent pas !

L'Afrique n'a encore rien produit pour la Cultures
alimentaires.
nourriture de l'armée, et déjà le gouvernement
nous parle des riches productions que bientôt
l'Afrique n'aura plus à envier aux tropiques et
aux Grandes-Indes [2].

Nous avons établi autre part l'impossibilité de Cultures
tropicales.
ces cultures [3]; si elles étaient tentées, elles ne
feraient qu'augmenter le danger de notre position en Afrique.

La main-d'œuvre exigée par ces cultures aug-

[1] Arrêté du gouvernement du 5 septembre 1843.
[2] Observations de M. le maréchal Soult à la commission des crédits de 1844, séance du 9 avril.
Question d'Alger, p. 135.

menterait encore la population qu'il faudrait nourrir.

Le point essentiel à ne jamais perdre de vue est celui-ci : *avoir en Afrique le moins de bouches possible;* c'est ce qui nous avait conduits au système d'occupation maritime, qui ne demandait la présence que de 4 à 5,000 soldats.

Colonisation civile impossible. La colonisation civile est donc impossible. M. le maréchal Bugeaud, si profondément convaincu de cette impossibilité, doit bien gémir de voir la France s'épuiser en efforts impuissants!

Toute colonisation impossible. Et si la colonisation civile et la colonisation militaire sont également impossibles, où nous conduit-on?

CHAPITRE VIII.

COMMERCE ET NAVIGATION.

Pour consommer il faut produire. — L'Afrique achète. — Le trésor
paye. — Comme du temps des Turcs. — Il n'y a pas de commerce. — L'étranger profite seul. — Régime colonial. — Douanes
en Afrique. — Contrebande. — Douanes en France. — Contrebande. — Huiles et graines oléagineuses. — Vins. — Sucre. —
Tabac. — Soie. — Véritables intérêts du Midi. — Alger ne peut
augmenter notre commerce. — Commerce avec l'intérieur de
l'Afrique impossible. — Exportations. — Esclaves. — Commerce
interlope nul.
Navigation. — Faite au profit de l'étranger. — Ordonnance du 16 décembre 1843.

L'Algérie devait assurer à la France les plus
grands avantages commerciaux. Elle promettait
à nos produits — un débouché considérable par
la consommation qu'ils y trouveraient, — un commerce avantageux avec l'intérieur de l'Afrique, —
un commerce interlope qui devait ruiner celui
de Gibraltar.

L'Algérie devait développer notre navigation.

§ Ier. Du commerce spécial ou de consommation de l'Algérie.

Pour consommer il faut produire : pour pou- *Pour consom-
voir acheter il faut pouvoir vendre. Le commerce *mer il faut
n'est qu'une opération d'échanges. *produire.*

Dans un commerce réel et régulier les impor-

tations et les exportations se balancent. C'est ce
qui ressort de tous les tableaux de douanes.

La moyenne décennale du commerce français
de 1827 à 1836 a été pour les importations
de 667,400,000 fr., et pour les exportations de
698,300,000 fr.

Dans un pays de flibustiers les choses se passent autrement.

D'après Shaler, en 1822, les importations de la
régence s'élevaient à. . . . . . . 1,200,000 doll.

Et les exportations à. . . . 273,000

Shaler indique que le trésor faisait la balance [1].

Or, le trésor avait été formé en grande partie
des produits de la piraterie.

Aujourd'hui la disproportion entre les importations et les exportations d'Afrique est la même.

L'Afrique
achète. :

Les importations générales en Afrique ont été
en 1842 (dernière année pour laquelle nous ayons
les documents) de. . . . . . . 77,487,414 f.

Et les exportations générales
de. . . . .   7,483,159 [2]

Le trésor
paye.

C'est le trésor qui couvre en
grande partie la différence. En
1842, il a envoyé en Afrique en
numéraires ou traite payables
par ses caisses. . . . .   53,824,326 [3]

---

[1] *Esquisse de l'état d'Alger.* p. 106.
[2] *Tableau des établissements français en* 1842, p. 320.
[3] *Ibidem,* 288.

Cette somme a été employée par nos troupes, et l'administration française à solder les dépenses que nous faisons en Afrique.

C'est absolument ce qui se passait sous le dey : sauf qu'à cette époque le trésor des Turcs était alimenté par la piraterie qui s'exerçait sur l'étranger, tandis qu'aujourd'hui le trésor français est alimenté par les nationaux.

Comme du temps des Turcs.

C'est là ce que l'administration d'Afrique appelle du commerce. C'est systématiquement qu'elle entretient des idées fausses ; cela ne nous étonne pas; mais qu'un homme de sens et sincère comme M. le maréchal Bugeaud répète de semblables hérésies[1], c'est ce qui ne se comprend pas. M. le général Duvivier lui répond avec toute raison : « Supposez que dans *un lieu désert de France*, entre Toulon et Cannes par exemple, on ait depuis douze années concentré les mêmes troupes, les mêmes moyens, les mêmes causes de perte d'hommes et d'objets qu'en Algérie, le même dénûment des choses usuelles, que serait-il arrivé? Identiquement le même résultat. Des commerçants seraient accourus pour être les intermédiaires entre l'armée et les magasins des grandes cités en France. Soit sur la terre algérienne, soit sur *le désert en France*, la nation aurait chaque année donné exactement la même portion de son budget[2]. »

Il n'y a pas de commerce.

[1] *L'Algérie en 1842*, p. 87.
[2] *Quatorze observations*, p. 32.

Et encore si nous avions fait sur *le désert de France* du général Duvivier l'opération que nous faisons sur *le désert d'Afrique*[1], nos millions français auraient été employés à acheter des *produits français*; car les transactions commerciales auraient été soumises à notre régime de douanes. Mais en faisant l'opération en Afrique, nos millions sont employés à acheter des produits étrangers.

Ainsi, en 1842, le commerce spécial[2] a été en importations en Afrique de. .   76,414,922

Sur lesquels la France n'a fourni que.   31,738,019

L'étranger a fourni en produits envoyés directement 33,602,464

Et en produits tirés de nos entrepôts. . . . . 11,074,439 }   44,676,903

Le résultat de l'opération commerciale est donc celui-ci : des consommateurs de produits français en France ont été, à grands frais, transportés en Afrique, où ils consomment des produits étrangers.

---

[1] Le ministre de la guerre, général Bernard, disait : « L'Afrique ressemble à un rocher nu sur lequel il faut tout transporter, excepté l'air et l'eau. » Elle est toujours la même.

[2] *Tableau des établissements français en 1842*, p. 320.

Nous avions donc raison lorsqu'il y a dix ans[1] nous annoncions ce mal comme inévitable : nous l'avions reconnu dans les colonies de presque tous les temps. Adam Smith le signalait il y a de longues années, et disait : « Les colonies d'Espagne et de Portugal donnent plus d'encouragement réel à l'industrie de quelques autres pays qu'elles n'en donnent à celle de l'Espagne et du Portugal[2].

Il y a dix ans aussi nous annoncions qu'une entreprise de colonisation en Afrique amènerait forcément la France à établir, avec cette nouvelle possession, quelqu'un de ces règlements de commerce exceptionnel et privilégié qui constituent le régime colonial.

Régime colonial.

En effet, les producteurs de France qui sont chargés de la dépense des 100 millions que nous coûte l'Afrique ne pouvaient pas consentir à toujours voir ces 100 millions employés en partie à acheter des produits étrangers, et ils sollicitaient avec raison le gouvernement de prendre des mesures pour leur assurer l'emploi de ces 100 millions en marchandises françaises, ainsi qu'il en était avant l'occupation de l'Afrique.

D'un autre côté, les spéculateurs d'Afrique, pour établir un lien nouveau avec la France, et consolider ainsi leurs propriétés, sollicitaient de-

[1] Discours des 24 avril 1831 et 20 mai 1835.
[2] *Richesses des nations*, liv. IV, chap. VII.

puis longtemps un droit différentiel en faveur des produits de l'Algérie expédiés en France [1].

Le gouvernement assailli de tous côtés crut pouvoir satisfaire à une partie de ces réclamations en rendant les deux ordonnances du 16 décembre 1843. Ces deux ordonnances constituent le commencement d'un régime colonial, d'un régime de monopole réciproque; régime qui partout donne des embarras aux gouvernements, et partout est condamné. Il est cruel en vérité de renouveler une épreuve que l'on devait considérer comme complète.

On dira que le régime que ces ordonnances introduisent n'est pas aussi étendu que le régime colonial, que les navires étrangers peuvent venir en une certaine concurrence avec les nôtres, qu'un grand nombre de produits restent en dehors des tarifs, et que les droits différentiels ne sont pas élevés. C'est la reconnaissance et l'établissement du principe qui font le mal, les conséquences le développeront.

Douanes en Afrique. L'une de ces ordonnances rendue par le ministre de la guerre règle le tarif des douanes en Algérie. Le principe est l'entrée en franchise des marchandises françaises, et l'établissement d'un droit sur les marchandises étrangères.

Cette ordonnance est du 16 décembre; dès le

[1] *Question d'Alger*, p. 173.

6 janvier l'intérêt colonial se récrie. Son principal organe, et le plus éclairé, examine si les intérêts de l'Algérie ne sont pas sacrifiés à des prétentions étroites ; il pense que c'est mal comprendre les besoins de l'Algérie que de faire payer à ses habitants les cotonnades et les draps 25 p. %. plus cher, en grevant d'autant ces produits étrangers.

Cette mesure, suivant lui, ne peut être que temporaire ; le 2 avril il annonce les funestes effets que la mesure a produits. La population d'Oran souffre déjà des privations que l'ordonnance lui impose : elle ne peut plus se procurer qu'à des prix exorbitants les denrées qu'elle tirait d'Espagne à des prix modérés. La cherté des vivres a chassé d'Oran plusieurs familles laborieuses ; il en sera successivement partout ainsi. La conduite du gouvernement est contradictoire : d'une part, il appelle même aux prix de grands sacrifices des colons en Afrique ; de l'autre il leur rend la vie difficile, impossible même quelquefois ; enfin *il fait manger l'Algérie sa fille cadette par l'industrie française sa fille aînée.*

Il me parait difficile de répondre à ces raison- Contrebande. nements. L'auteur fait ensuite remarquer que l'ordonnance ne sera qu'imparfaitement exécutée. L'étendue de nos frontières de terre ne nous permet pas de surveiller efficacement la contrebande par les frontières de Tunis et de Maroc.

Cette contrebande sera d'autant plus active que les Arabes dans leurs affaires commerciales comptent pour rien la distance, et n'auront pas d'ailleurs une plus longue route à faire pour s'approvisionner à l'est ou à l'ouest que pour gagner le nord.

Des négociants établis à Alger, Oran et Bone, seront peut-être obligés de transporter leurs établissements à Tanger où à Tunis [1].

On voit avec quelle vivacité les colons d'Afrique expriment leurs griefs. Leurs plaintes sont déjà aussi amères que les plaintes des colons de Bourbon et des Antilles.

L'Afrique ne produit rien; elle a besoin de tout acheter au dehors : on peut en juger par quelques-uns des articles d'importation en 1842, tels que :

Farineux alimentaires,	16,447,676 f.
Bois et houilles,	6,409,102
Animaux vivants et produits d'animaux,	6,834,192
Boissons,	8,842,146
Huile d'olive,	2,193,022
Fourrages,	2,644,830
Tissus,	14,031,995

Il est certain qu'en grevant de droits de douane ceux de ces produits qui vient de l'étranger, les

[1] *L'Algérie*, 6 janvier et 2 avril 1844.

intérêts coloniaux sont blessés et doivent être inquiets sur l'avenir. Ceux de ces produits qui n'ont pas été admis au bénéfice de l'ordonnance du 17 décembre, le réclameront et l'obtiendront un jour ou l'autre. Toutes les industries sont égales devant la loi, toutes contribuent aux 100 millions que coûte l'Afrique, et il y aurait une iniquité profonde à déshériter l'agriculture, les fers, etc., des avantages qui sont accordés aux autres industries.

Sous un autre point de vue, l'ordonnance, avec l'extension qui lui sera nécessairement donnée, aura ce résultat : que la plus grande partie des objets importés en Afrique étant pour les besoins de l'armée, le renchérissement de ces objets viendra à la charge de l'armée.

Nous entrons dans une série de difficultés inextricables.

La seconde ordonnance a été rendue par le ministre du commerce ; elle diminue de moitié les droits d'entrée en France sur une partie des objets du tarif général qui pourraient venir de l'Algérie. Cette ordonnance est convertie aujourd'hui en projet de loi. *Douanes en France.*

Nous avons vu plus haut que les exportations d'Afrique pour tout pays s'étaient élevées en 1842 à 7,183,159.

La commission des crédits indique[1] que les pro-

_____
[1] Rapport de M. Bellonnet, de mai 1844.

duits du cru compris dans cette somme peuvent être de 1,027,620, et que le corail y entre pour 991,050.

On voit que l'exportation générale des produits du cru est à peu près nulle; elle a toujours été insignifiante, mais elle a encore diminué depuis notre occupation, ce qui est facile à concevoir dans l'état de guerre et de désordre où se trouve l'Algérie.

Le projet de loi a été fait pour les produits du cru de l'Algérie qui sont importés en France.

Le tableau des douanes de France pour 1842 évalue ces produits à   2,467,709 fr.

Mais il faut en déduire :

Les peaux brutes,   1,930,287 fr.
Les os et cornes de bétail,   152,158
Le suif brut,   29,336

produits qui tiennent à la consommation de l'armée et aux razzias, car on peut voir que dans les années qui ont précédé l'occupation, l'importation de peaux d'Alger était nulle [1].

Il faut encore déduire la valeur des futailles vides et bouteilles cassées qui ne peuvent être considérées comme des produits du cru de l'Afrique [2].

[1] *Tableau décennal du commerce français*, p. 67.
[2] En toutes choses l'Algérie garde le contenu, et nous renvoie le contenant, les peaux, les bouteilles cassées ; en 1842 elle nous a

On voit que les importations en France de produits du cru du pays se réduisent à :

18,080 fr. de soies écrues.

35,348 fr. de laines,

30,657 fr. de sangsues,

  7,009 fr. d'animaux de collection, tels que : lions, etc.

  3,457 fr. de corail,

33,797 fr. d'huile d'olives ;

et autres objets minimes donnant avec beaucoup de peine un total de 200,000 fr.

Le projet de loi n'a pas été proposé en vue d'un pareil état de choses. Il n'a pu l'être que par suite des espérances que peut faire concevoir l'avenir de l'Algérie. Cet avenir, le voici présenté par M. Ch. Dupin, rapporteur de la commission ministérielle de colonisation.

« L'agriculture européenne de l'Algérie peut » entrer en concurrence avec celle des nations » étrangères sur les marchés de la France, pour » des marchandises dont la valeur s'élève à » 442,948,888 fr. Ce n'est pas tout : dans la » Grande-Bretagne et chez les autres peuples de » l'Europe ces mêmes produits algériens peuvent » entrer en concurrence pour des marchandises

renvoyé les futailles vides de 7,635 hectolitres. Si nous lui envoyions des huîtres elle nous renverrait des écailles.

» qui ne valent pas moins de 1,000,000,000 [1]. »

De ce milliard, je ne retrancherai qu'un chiffre, celui qui est à gauche.

Mais, me dira-t-on, si vous croyez que l'Afrique ne peut rien produire, vous ne devez pas craindre pour l'agriculture française la concurrence des produits africains.

A cela deux réponses : d'abord quoique l'Afrique ne puisse pas produire d'une manière notable, il est certain qu'avec les capitaux que la France peut y employer, une certaine production en sortira, production ruineuse qui ne donnera pas ¼ pour % des dépenses faites ; mais le produit une fois créé, quelque dispendieusement que ce soit, n'en vient pas moins en concurrence avec les autres produits similaires créés dans des circonstances ordinaires.

Contrebande. Le côté dangereux de la question est celui-ci : le projet de loi ouvre carrière à la contrebande. Nous le répétons ici [2] : les produits étrangers viendront se faire nationaliser à Alger pour pouvoir ensuite entrer en France comme produits d'Alger et ne payer que moitié droit. C'est ainsi qu'Alger, bien qu'il reste dans son improduction native, pourra nous envoyer comme siens les cotons d'Amérique ou d'Égypte, le sucre du Brésil, des colonies anglaises et espagnoles ; le

[1] Textuel : p. 42 du rapport de M. Ch. Dupin, du 21 juin 1842.
[2] *Question d'Alger*, p. 179.

café d'Haïti et de Cuba, l'huile de Sardaigne, les laines d'Espagne ; enfin, le plus grand nombre des produits sur lesquels la douane perçoit aujourd'hui 137 millions. Par cette contrebande le trésor est assuré de perdre une partie notable de sa recette, et l'industrie nationale sera lésée. Cette contrebande est inévitable, elle se fait aux colonies pour le sucre[1]. Elle se faisait en 1835, avec une telle audace, par la Corse, pour l'huile et les céréales, qu'une loi a été rendue à ce sujet sur les réclamations des propriétaires du Midi.

Que penseront de cette concurrence nouvelle et des effets de cette contrebande, les producteurs de France qui aujourd'hui écoulent leurs produits avec tant de difficulté?

Le projet de loi n'admet pas, il est vrai, la diminution de moitié du droit pour tous les produits qui seraient censés venir de l'Algérie ; mais la base est fixée, le commerce demande déjà que la limite soit reculée[2]. Elle le sera nécessairement.

Olives et graines oléagineuses. Les producteurs d'huile, qui sont si inquiets de la venue du sésame et qui réclament avec toute justice que sa graine soit imposée à la douane en raison de son rende-

Huiles. Graines oléagineuses.

---

[1] *Enquête sur les sucres,* 1828, p. 66.
[2] *De l'importation des graines oléagineuses dans le midi de la France.* Marseille, 1844, p. 63.

ment en huile, doivent-ils être satisfaits de la disposition du projet de loi qui réduit de moitié les
droits sur les huiles d'olive provenant d'Alger?
Seront-ils satisfaits lorsque le commerce de Marseille aura obtenu ce qu'il demande déjà[1], l'abais-
sement de moitié des droits sur le sésame qui
pourrait venir d'Alger?

Vins. Les vins qui nous viendraient d'Afrique
donneraient-ils la solution de la question vinicole?
Nous ne le pensons pas. Le comice agricole de
Marseille demande *la prohibition de la culture de
la vigne à Alger*[2] !

Sucre. Les sucres de canne et de betterave sont
en lutte sur nos marchés. Le sucre de figues de
cactus, découvert par le général de la Moricière,
ne doit revenir qu'à 20 c, la livre[3]. Lorsqu'il se
présentera en troisième, je doute qu'il mette les
deux autres d'accord.

Tabac. Par mesure fiscale, nous prohibons la
culture du tabac en France. Nous voudrions con-
naitre la pensée du gouvernement qui en favorise
la culture en Afrique. Faudra-t-il, pour faire vivre
le colon, lui payer le tabac le double du prix
payé pour le tabac d'Amérique ?

Soie. La production de la soie est l'une des

---

[1] *De l'importation des graines oléagineuses dans le midi de la
France.* Marseille, 1841, p. 63.
[2] *Séance du 14 février 1843.*
[3] *Toulonnais,* du 20 septembre 1842.

richesses du Midi ; la culture du mûrier remonte vers le nord. Cette industrie offre des avantages d'autant plus précieux qu'elle se soutient sans aucun tarif protecteur. Faut-il arrêter ses progrès naturels, et lui enlever ses capitaux pour lui créer une industrie rivale en Afrique?

Les propriétaires du Midi commencent à s'apercevoir de ce dont ils sont menacés. Le conseil général du Var a parfaitement résumé leur position, dans un vote émis à sa session de 1843 : « Il serait contraire à tous les principes établis en matière d'économie politique, de cultiver dans l'ancienne régence d'Alger les mêmes produits qu'en France, et de faire, en pareil cas, supporter les charges qu'exige la colonisation aux agriculteurs français, qui, pour récompense de leurs sacrifices, n'auront en perspective que la concurrence des produits similaires. »

Véritables intérêts du Midi.

Pour ces produits et pour tant d'autres, il est impossible de prévoir toutes les difficultés industrielles et financières qui surgiront.

Un grand intérêt politique demandait dernièrement que la France et la Belgique fussent unies dans le même réseau de douanes. Quel obstacle est venu empêcher cette utile combinaison? L'intérêt industriel. Certains producteurs français, craignant la concurrence de l'industrie belge, ont voulu maintenir ses produits au delà de la ligne de douanes.

Alger ne peut augmenter notre commerce.

Et nous irions rechercher en Afrique ce que nous avons repoussé en Belgique !

Et cependant en Belgique nous trouvions des consommateurs qui auraient pris nos produits en échange de ceux qu'ils nous auraient fournis. Quels sont vos consommateurs en Afrique? Ceux que vous y avez portés.

Et cependant en Belgique, nous trouvions des produits tout créés, créés par d'autres. En Afrique, les produits que nous attendons n'existent pas. Il faut les créer nous-mêmes; c'est à cela que tendent les colonistes en entraînant l'état dans la dépense de colonisation et d'occupation, ayant pour but la colonisation.

Lorsque ces produits seront créés avec les finances du pays, et qu'ils seront entre les mains des colons, ils ne seront pas entre les nôtres ; il faudra acheter ces produits aux colons ou leur donner en échange des produits créés en France.

Si nous prenons ces produits en Afrique, nous ne les prendrons pas autre part. Si nous prenons en Afrique les 35 millions de kilogrammes d'huile d'olive dont nous avons besoin, nous ne les prendrons plus en Espagne et en Italie. De leur côté, l'Espagne et l'Italie ne pourront plus nous prendre les produits qu'elles nous prennent aujourd'hui en échange des 35 millions de kilogrammes d'huile qu'elles nous envoient.

Il en sera de même pour tous les autres produits.

Que résultera-t-il de cette combinaison? Nous aurons détruit un commerce ancien pour en créer un nouveau. Mais l'importance du commerce sera la même; elle est basée sur nos besoins et nos ressources. L'importance de ce commerce sera même affaiblie, car nos ressources seront diminuées de tous les capitaux que nous enfouissons improductivement à Alger.

Il est donc impossible de découvrir dans le commerce spécial avec l'Afrique aucun avantage pour la France.

§ II. Du commerce avec l'intérieur de l'Afrique.

Nous avons vu que l'une des raisons qui engageaient le gouvernement à étendre au sud l'occupation française, était l'espoir d'un commerce avec l'intérieur de l'Afrique.

Commerce avec l'intérieur de l'Afrique.

La commission des crédits 1844, à laquelle cet espoir était présenté par M. le maréchal Soult, devait porter son attention sur cette question. son avis est contraire à celui de M. le maréchal[1]; elle donne à la suite du rapport un travail fort remarquable de M. Jules de Lasteyrie, qui a fait une étude particulière de l'intérieur de l'Afrique.

Il en résulte que les circonstances géographi-

[1] Rapport de M. le général Bellonnet, 17 mai 1844.

ques et la nature des populations du désert étant les causes déterminantes de la marche des caravanes, il n'y a pas lieu de compter sur le changement de direction de ces caravanes. Elles viennent trouver la mer à l'est à Tripoli, et à l'ouest à Mogador. Elles arrivent nécessairement à l'est à Gadamès pour gagner Tripoli, et à l'ouest à Tafilet pour gagner Mogador; elles ne peuvent pas de Gadamès ou de Tafilet se diriger sur Alger, ce qui augmenterait inutilement leur parcours et multiplierait leurs difficultés.

Commerce impossible. Le commerce du soudan est un commerce d'échanges à l'intérieur, Tombouctou reçoit ses vivres du Haut-Niger, et fournit en retour du sel et quelques étoffes de sa fabrication. Nous n'avons rien à voir dans ce commerce.

Les relations commerciales avec l'intérieur de l'Afrique ne peuvent être d'aucune importance à cause du peu de développement des populations qui l'habitent, et à cause des immenses étendues que ce commerce doit parcourir.

Exportations. Les objets exportés consistent en *poudre d'or, dents d'éléphant, plumes d'autruche.* On peut voir au tableau de nos douanes que l'importation de ces produits en France n'est d'aucune importance, et que celle qui a lieu par les états barbaresques est nulle.

Les *gommes* viennent en totalité par le Sénégal et la côte occidentale d'Afrique.

Les *esclaves!...* Nous aurions dû penser que la Esclaves. France avait renoncé à compter des hommes au nombre des marchandises, que l'expérience avait été faite qu'acheter les prisonniers aux peuplades d'Afrique c'était les provoquer à la guerre, c'était rendre plus barbare encore la domination de leurs chefs, c'était faire germer jusqu'au sein des familles les passions les plus cupides et les plus infâmes, et cependant M. Laurence, ancien directeur des affaires d'Afrique, parlait à la commission ministérielle instituée en janvier 1842, de projets sur ces noirs.

M. le maréchal Soult a rassuré la commission des crédits de 1844, en lui déclarant que dans aucun cas le gouvernement n'achèterait de ces noirs. Il ne pense pas que l'on puisse empêcher les indigènes d'avoir des esclaves [1]. Sous ce rapport, la régence de Tunis marche plus vite que la France dans la voie de la civilisation, l'esclavage y est aboli depuis deux ans.

Le commerce avec l'intérieur de l'Afrique est nul et ne peut avoir aucun avenir; il est véritablement déplorable que de pareilles billevesées aient pu avoir une certaine influence sur les expéditions qui sont aujourd'hui dirigées vers le désert.

---

[1] Séance du 7 mai 1844.

§ III. Commerce interlope.

Nous concevons que l'Angleterre, qui n'avait pas de ports dans la Méditerranée, ait voulu s'y créer des entrepôts, pour de là répandre ses produits par la contrebande. Malte et Gibraltar ont parfaitement rempli ce but. Mais nous n'avons pas le même besoin, nous qui avons des ports dans la Méditerranée. Oran ne sera jamais, comme Marseille, un entrepôt de marchandises qui puisse satisfaire à tous les besoins de détail du commerce interlope.

§ IV. Navigation.

Nous avons vu que jusqu'à présent notre établissement d'Afrique, sous le rapport commercial, n'avait profité qu'à l'étranger.

Au profit de l'étranger. C'est aussi au profit de l'étranger que se fait la navigation de notre colonie; voici les résultats du mouvement de la navigation en 1842 :

Navigation. Il est entré dans les ports de l'Algérie . . . . navires 5,707.

Sur ce nombre la France n'en a fourni que 1,790.

Pêche du corail. La pêche du corail a occupé 162 bateaux.

Sur ce nombre la France, qui en avait conservé un en 1841, n'en avait plus un seul en 1842.

Cette pêche était entièrement faite par les étrangers.

Pêche du poisson. Cette pêche a occupé

bateaux. . .   279

Sur ce nombre la France n'en a fourni que 8.

On conçoit que les ports qui payent leur part dans les 100 millions que coûte l'Afrique aient été blessés de voir la navigation qui leur avait été promise passer aux mains des étrangers. Ils devaient réclamer.

L'ordonnance du 16 décembre 1843, dont nous avons parlé, a fait droit à ces réclamations en réservant à la navigation française la plus grande partie des transports, et en grevant de droits la navigation étrangère. *Ordonnance du 16 décembre 1843.*

Mais tout aussitôt l'intérêt colonial se plaint de ce que les objets importés coûteront aux colons plus cher que s'ils étaient importés par navires étrangers.—Cette mesure est prise dans l'intérêt des armateurs. — Les colons sont trop pauvres pour payer à ce prix l'amitié des négociants français [1].

Ces plaintes sont fondées ; mais les plaintes de ceux qui payent leur part des 100 millions de l'Afrique, pour faire passer leur commerce entre les mains des étrangers, sont fondées aussi.

Ce ne sont ni les colons ni les négociants qu'il

[1] *L'Algérie,* nos des 6 janvier et 2 avril 1844.

faut blâmer de ces récriminations réciproques ; ceux qui sont à blâmer sont — ces hommes d'état trop légers, qui, vivant au jour le jour, n'ont pas su prévoir des difficultés inévitables.

Pour la navigation comme pour le commerce, tout est factice en Afrique, tout tient à l'existence de l'armée et aux entreprises faites par le gouvernement.

Cet état de choses ne peut changer : il est aujourd'hui tel que l'honorable M. Joly l'avait si bien dépeint l'an passé[1]. — Il est devenu en 1844 tel que nous l'avions prédit en 1834 et 1835.

---

[1] Voir le discours remarquable que M. Joly prononça à la chambre des députés le 23 mai 1843.

CHAPITRE IX.

ARMÉE.

Effectif de l'armée d'Afrique. — Mortalité. — Maladies. — La guerre d'Afrique forme-t-elle l'armée?

Il faut bien comprendre que notre armée d'Afrique est pour l'Afrique; il faut renoncer à cette stratégie transcendante qui aurait prélevé sur l'effectif d'Afrique de petites armées pour *prendre l'Europe à revers*, et menacer simultanément *l'Autriche*, *l'Italie*, *l'Asie mineure* et *la Russie*[1]. Et il faut reconnaître avec M. le maréchal Bugeaud, qu'après avoir fixé le chiffre de notre armée de France pour parer aux éventualités du continent, il faut y ajouter tout ce qui est indispensable pour l'Algérie[2]. Ce sont deux armées.

Nous sommes loin du moment où un gouverneur d'Afrique ne demandait au gouvernement que 10,000 hommes pour conserver l'Algérie et y former une puissante colonie[3].

Effectif de l'armée d'Afrique.

[1] Discours de M. Mauguin. *Moniteur* du 2 mai 1834.
[2] *L'Algérie*, par le général Bugeaud, 1842, p. 27.
[3] *Observations du général Clausel*, 1831, p. 9 et 10.

9

Nous sommes loin des appréciations faites en 1836 par M. Thiers, président du conseil, et les maréchaux Clauzel et Maison. La chambre avait fixé à 22,921 hommes l'effectif d'Afrique. M. Thiers et les deux maréchaux conçurent un plan de *domination générale et absolue* de la régence, pour l'exécution duquel il fut accordé à M. le maréchal Clauzel 30,000 hommes de troupes régulières et 5,000 indigènes irréguliers [1].

	hommes
Total.	35,000

Aujourd'hui, nous avons en Afrique 76,744 hommes de troupes françaises, 9,475 de troupes indigènes, soldées par le budget de France, et des soldats de maghzen, payés par le budget colonial, en nombre indéterminé. La commission de 1844 évalue le total des troupes à 90,000

Mais il ne faut pas croire que nous en restions là. Le développement de notre occupation au sud, nos vues sur le désert, nos deux entreprises dans les monts Aurés et le Djerdjera, nécessiteront de nouvelles demandes de troupes.

M. le maréchal Bugeaud, dans l'ouvrage déjà cité, fait entrevoir les nécessités de l'Afrique ainsi qu'il suit :

---

[1] *Explications du général Clauzel.* Paris, 1837. — *Lettre au général Rapatel*, p. 126, et note signée Maison, p. 128.

Conserver l'effectif employé à la conquête.   80,000
Détacher en Afrique les troupes non
nécessaires en France. . . . .   illimité.
Constituer un maghzen de troupes
indigènes irrégulières. . . . .   illimité.
Organiser les milices coloniales. . . .   illimité.
Organiser des colons militaires pris
par le recrutement [1]. . . . .   illimité.

M. le général Duvivier [2] en appréciant
ces demandes estime que ces troupes diverses pourraient aisément dépasser .. .   200,000

Et l'honorable général pense que
même avec cet effectif, on ne pourrait
pas obtenir une soumission absolue,
qu'elle serait toujours éphémère, qu'enfin *la soumision absolue est impossible,*
car il faudrait 600,000 *hommes constam-*
ment renouvelés [3].   600,000

L'exécution du système du général Duvivier, dont
il est parlé précédemment, demanderait 101,360
hommes. Le général dit avec raison « que résoudre
la question à un tel prix, serait jugé au-dessus de
la valeur à espérer de notre réussite future en

---

[1] *L'Algérie*, par le maréchal Bugeaud, 1842, p. 13, 23, 30,
33, 35.

[2] *Quatorze observations sur cet ouvrage*, par le général Duvivier,
p. 82.

[3] *Ibidem*, p. 64.

Afrique.[1] » Et il réduit provisoirement à 58,620 hommes[2] l'effectif qui serait élevé plus tard à l'état normal de 100,000 hommes.

Ainsi dans tous les systèmes d'occupation générale, il faut se résoudre à entretenir au moins 100,000 hommes en Afrique.

Quant à l'époque à laquelle ce sacrifice pourrait cesser, on ne peut l'entrevoir. M. le maréchal Bugeaud dit qu'il serait sage de n'y pas penser avant dix ans, temps nécessaire pour l'établissement des 120,000 familles de colons militaires[3]. Mais comme ces colonies sont condamnées à n'avoir pas d'existence sérieuse, il pense probablement que c'est à toujours que nous devons conserver en Afrique l'effectif qui aurait été nécessaire pour la conquête.

Mortalité.   Ces 100,000 hommes sont ce que la France peut fournir de plus vigoureux. Le recrutement choisit dans la population; pour prendre 80,000 jeunes gens, il en rejette annuellement 63 ou 64,000. On les exerce en France, on tâche de les acclimater dans le Midi; puis, lorsqu'on les croit en état d'affronter l'Afrique, on y déporte ces malheureux. Qu'y deviennent-ils?

Le général Duvivier répond; il a passé douze ans en Afrique; écoutez-le :

[1] *Solution de la question de l'Algérie*, 1841, p. 223.
[2] *Ibidem*, p. 232.
[3] *Mémoire au ministre*, du 13 janvier 1841.

« Un homme dont la constitution n'est pas en harmonie avec le climat d'Afrique ne s'y assimile jamais ; il souffre, il dépérit, il meurt... l'expression qu'une masse d'hommes, envoyés en Afrique depuis un certain temps, s'est acclimatée, est inexacte. Il n'y a pas eu acclimatement réel, seulement *il y a eu un triage fait par la mort*, entre les hommes propres par leur constitution au climat du pays et ceux qui étaient dans une situation contraire. *C'est un grand crible qui laisse passer rapidement tout ce qui n'est pas de telle force....* L'acclimatement des régiments envoyés pour un temps en Afrique est une illusion. La libération enlève tous les ans à ces régiments le cinquième environ de leurs hommes, et ce sont les plus anciens. Chaque année, ces régiments doivent donc recevoir de France de très-forts contingents. *Ceux-ci, substitués à des hommes qui étaient restés sur le crible, passent au travers en grand nombre, et les pertes ne décessent* [1]. »

Il est difficile de connaître le chiffre exact des soldats que l'Afrique a dévorés, car au chiffre des hommes morts dans les hôpitaux d'Afrique, il faut ajouter celui des hommes morts dans les ambulances, dans la traversée lorsqu'on évacue ces malheureux sur la France, dans les hôpitaux de France, et dans leurs familles où nous les voyons achever leur triste existence.

[1] *Solution de la question de l'Algérie*, p. 19, 21.

On avait été frappé de l'augmentation de la mortalité dans les hôpitaux de France ; la commission du projet de loi relatif à l'appel des 80,000 hommes sur la classe 1844, reconnaît « que cela résulte de ce que l'armée d'Afrique évacue sur la France une partie assez considérable de ses blessés, malades ou convalescents [1]. »

M. le maréchal Bugeaud évaluait à 50,000 le nombre de soldats morts jusqu'en 1839. En 1840, ce nombre s'est accru de 12,000, et chaque année l'augmente encore de 7 à 8,000 ; en sorte qu'on peut penser que nous avons déjà perdu en Afrique 80,000 des enfants les plus vigoureux de la France.

Pendant quelque temps, l'Afrique avait honte de ses œuvres ; elle n'osait plus envoyer en France ses malades effrayer de leurs visages moribonds les garnisons du littoral [2]. Elle craignait que quelque jour le démon colonial qui apparut à l'île de Léon n'apparût à Marseille ou à Toulon. Elle imagina un hôpital à Mahon, où elle condamnait ses victimes à périr sur la terre étrangère. Cet hôpital n'est plus : le cimetière était comblé.

Maladies.   Mais avant d'arriver au terme de leurs maux,

---

[1] Rapport du général Paixhans, du 4 mai 1841.

[2] « Pendant mon séjour à Toulon, j'ai vu débarquer ou plutôt exhumer les tristes restes d'un convoi de 300 malades, embarqués et restés en mer depuis un mois. » Discours de M. le comte de Tascher à la chambre des pairs, le 8 janvier 1838.

combien de souffrances ces malheureux n'endu-
rent-ils pas! Chaque année, toute l'armée entre
plus d'une fois à l'hôpital. C'est là que se met en
mouvement *le crible funéraire* dont parle le général Duvivier.

Ces chiffres sont tellement monstrueux, qu'on
ne peut y croire, même en les lisant dans les documents officiels. Ainsi, M. Joly, dans la séance du
23 mai 1843, cite la page 67 du tableau de l'Algérie pour 1841, fourni par le ministère de la
guerre, d'après lequel, en 1841, l'effectif de l'armée de 75,000 hommes avait fourni 88,383 entrées aux hôpitaux. Le lendemain, M. de la Farelle dit à la tribune que ce chiffre serait fort ef-
frayant, car il dépasserait le chiffre de l'effectif,
et que M. Joly s'est trompé. M. de la Farelle
avance qu'il a trouvé des chiffres différents dans
ces documents, et que c'était 40,814 malades seulement qui étaient entrés aux hôpitaux [1]. M. de
la Farelle a mal lu la page indiquée; il a pris les
six premiers mois de 1842 pour l'année entière
1841.

En 1842, l'Afrique agit de même; elle envoie
90,524 malades dans les hôpitaux, sur un effectif
de 80,000 hommes. M. de la Farelle pourra trouver à la page 69 du même tableau pour 1842, et
dans tous les tableaux des années antérieures, la

---

[1] *Moniteur*, 1843, p. 1231.

répétition de ce fait qui l'avait si fort effrayé, à savoir que *chaque année toute l'armée d'Afrique entre une fois et un quart à l'hôpital.*

Cela paraît tellement incroyable qu'un autre député se récrie, et dit que le chiffre de 88,383 cité par M. Joly comme *entrées* aux hôpitaux est celui des *journées* d'hôpital [1]. Le nombre des journées d'hôpital, d'après cette même page 67, est de 2,269,588.

Elles
diouent.

On parle d'une moins grande mortalité pour 1843. Le *Moniteur Algérien* attribue ce résultat à l'amélioration des établissements militaires et à la manière de conduire les troupes : *l'Algérie* lui répond que, depuis 1841, le plus grand nombre de nos soldats n'ont couché sous un toit et sur un lit que lorsqu'ils ont été portés à l'hôpital, et que les troupes sont loin d'avoir été conduites avec plus de ménagement qu'avant 1841.

cause.

La véritable cause de cette diminution de mortalité est celle qui a été donnée à la commission des crédits 1844 par M. le maréchal Soult. La mortalité est toujours très-forte sur les régiments qui arrivent en Afrique, et continue jusqu'à ce que les tempéraments faibles aient succombé : ce funeste résultat se renouvelant chaque fois qu'il y avait renouvellement des régiments en Afrique, le ministre les y conserve aujourd'hui beaucoup

[1] *Moniteur,* 1843, p. 1260.

plus longtemps; de sorte que les hommes étant acclimatés, il y a une moindre mortalité[1].

En agissant ainsi, M. le maréchal Soult se rapproche de l'idée du général Duvivier, qui voudrait en Afrique des corps permanents.

On avait avancé que la guerre d'Afrique avait au moins l'avantage de former l'armée. Nous avons établi autre part, d'après des témoignages irrécusables, que les habitudes de guerre que nous prenons en Afrique nous seraient funestes dans une guerre européenne[2].

En Afrique, le véritable ennemi, c'est la maladie; le véritable champ de bataille, c'est l'hôpital! 4,692 soldats y sont morts en 1843. — Quant à l'ennemi arabe, il nous a tué dans la même année 84 hommes[3].

La guerre d'Afrique forme-t-elle l'armée?

[1] Séance de la commission du 9 mai 1844.
[2] *L'Algérie en* 1838, p. 108.
[3] Documents officiels fournis à la commission de 1844.

CHAPITRE X.

FINANCES.

Dépenses de l'Afrique en 1843. — Recettes au profit du trésor. — Recettes au profit de la colonie. — Habileté de la direction des finances d'Afrique. — Budget colonial à supprimer.—État financier de la France. — Communes. — Départements. — L'état. — Sa dette.— Déficits.—Besoins du pays.—Impôts.—Travail national. — Résumé.

L'Afrique est pour nous la cause incessante du désordre de nos budgets. En vain le gouvernement et les chambres apportent des améliorations dans notre régime financier ; l'Afrique vient, qui absorbe les améliorations, et en pleine paix nous contraint aux emprunts. Sa dépense, faible dans le principe, est arrivée, pour l'année 1843, à la somme de 100 millions, composée des éléments suivants :

1° *Dépense du recrutement.* Nous ne ferons pas appel aux sentiments d'humanité des colonistes, qui sacrifient à leurs systèmes les enfants du pays. Les colonistes ne s'occupent pas de si peu. Nous faisons ici une simple appréciation de l'impôt du recrutement.

En 1843, la France aura entretenu au moins 75,000 hommes en Afrique. Renouvelés par septième, ces 75,000 hommes auront nécessité une levée en France de 10,714 jeunes gens. Le

prix de remplacement est au moins de **2,000** fr., ce qui a grevé
la population d'une dépense de........   **11,428,000 fr.**   »

2° *Dépenses du ministère de la guerre.*

Budget primitif 1843..............   47,768,225   »
Crédits extraordinaires votés en 1843.   29,221,508   »
Crédits supplémentaires votés en 1844.   878,928   »
Crédits extraordinaires votés en 1844.   3,072,546   »

3° *Dépenses accessoires de la guerre.*

Le budget général reste chargé de nombreuses dépenses qui devraient être portées au budget spécial d'Alger, telles que celles occasionnées par les dépôts en France, destinés à tenir au complet les régiments d'Afrique, et par la consommation du matériel et équipages régimentaires, fusils, armes blanches, poudres et projectiles. La commission du budget pour l'exercice 1836 évaluait ces dépenses à plus de 3 millions [1]. A cette époque, l'effectif de l'armée d'Afrique était de 31,000 hommes. Pour l'effectif actuel, la dépense de 1836 doit être au moins doublée....................   **6,000,000 fr.**   »

4° *Pensions de retraite.*

L'Algérie occupe à peu près le quart de l'armée. Le temps qu'y passent les officiers leur est compté comme campagnes pour le règlement des pensions de retraite. Cela aura pour effet de porter au maximum le plus grand nombre des pensions militaires..........................   *Mémoire.*

5° *Dépenses de marine.*

La commission
A Reporter...   98,369,207

---

[1] *Rapport de la commission du budget pour 1836, p. 77.*

Report...   98,369,207

sion du budget pour 1839 a évalué les dépenses de marine occasionnées par l'Afrique, en 1837, à 4,451,000 fr. [1]. A cette époque, l'effectif de notre armée était de 42,000 hommes. Aujourd'hui, les besoins du service ont presque doublé.

Les voyages pour la correspondance, — le transport des soldats en Afrique, et leur retour en France lorsqu'ils sont malades; — le transport des colons en Afrique, et leur retour en France lorsqu'ils ne peuvent plus rester; — le transport des indigènes aux îles Sainte-Marguerite pour y subir la prison, ou à Alexandrie pour faciliter leur pèlerinage à la Mecque, emploient huit bâtiments à voile, sept bâtiments de transport, seize bateaux à vapeur.

M. le prince de Joinville, dans les remarquables considérations présentées dernièrement sur la marine, indique que ces navires à vapeur, assujettis dans la Méditerranée à une navigation sans repos, sont presque tous arrivés à une vieillesse prématurée. S. A. R. pense que les besoins de la guerre ne sont pas tellement impérieux en Afrique qu'il faille y sacrifier toutes les ressources de la marine et toute idée d'ordre et d'économie.

La dépense de la marine, comparativement à ce qu'elle était en 1837, et en

A reporter...   98,369,207

[1] *Rapport* du 12 mai 1838.

Report... 98,369,207

comptant les pertes et détériorations de
navires, doit être aujourd'hui de plus de   7,000,000 fr. »

6° *Ministère des finances.* Les dépenses occasionnées par l'Afrique au
budget de ce ministère s'élève à....   242,140 fr.[1] »
_____

Total de la dépense pour 1843. 105,611,347 fr. »

Cette dépense sera réduite de........   6,258,092 fr. »
composée de 5,612,690 fr. 83 c. prove-
nant des services ministériels étrangers
à l'Algérie, quoiqu'ils y soient recou-
vrés, et de 645,401 fr. 36 c., produit
d'objets militaires reformés, issues et autres objets qui ne peuvent être considé-
rés comme produits de l'Algérie[1].

En sorte que la dépense de l'Afrique
pour 1843 est de.....................   99,353,255 »
soit avec les pensions et les retraites...   100,000,000 »

RECETTES.

La recette des produits et revenus est faite au
profit du trésor ou au profit de la caisse coloniale,
d'après les règles établies dans une ordonnance
du 21 août 1839.

Recettes au profit du trésor.

En 1843, les recettes faites au profit
du trésor[2], déduction faite de la somme
de 645,401 fr. 36 c. ci-dessus, qui ne
peut être considérée comme produit de
l'Algérie, s'élèvent à ....   3,372,146 fr. 94 c.

_____

[1] Documents fournis à la commission de 1844.
[2] *Compte général des finances pour* 1843, p. 570.

Report...	**3,372,146** fr.	**94** c.

Dans cette somme sont entrés :

Les produits d'immeubles pour.......	21,773	77
Le produit des patentes pour la pêche du corail, pour..................	237,945	60
Le produit de razzias pour..	358,615	22

Tels sont les seuls produits que l'on peut attribuer à l'Afrique dans les recettes faites pour le trésor. Les autres sommes proviennent d'impôts de consommation, des droits de poste et d'enregistrement. Ces impôts, en France, rapportent 750 millions ; et si nous avions dépensé en France les 100 millions que nous avons jetés à l'Afrique, ces 100 millions auraient été employés en consommation de tous genres, en transactions, et auraient payé au fisc bien plus que les 3 millions perçus en Afrique.

On ne peut donc faire entrer la recette en déduction de la dépense, qui reste pour 1843 fixée à 100 millions ; et nous pouvons répéter avec M. Jaubert « que bien loin que nous possédions l'Afrique, c'est l'Afrique qui nous possède. »

Recettes au profit de la colonie.

Recettes au profit de la colonie. Les recettes faites au profit de la colonie tombent dans la caisse coloniale, et sont destinées à solder les dépenses du budget colonial. Les recettes et les dépenses de ce budget sont faites sans ordre, sans mesure, et avec si peu de régularité, qu'aujourd'hui même, 17 mai 1844, le budget de 1844 n'est pas réglé.

La direction des finances d'Afrique appelle cette machine financière un budget. On ne peut appeler budget que ce qui est apprécié, convenu, réglé d'avance. Il n'y a rien de tout cela en Afrique, il y a seulement une caisse où l'on fait entrer le plus que l'on peut, afin d'avoir à dépenser le plus possible.

Nous devons reconnaitre que la direction des finances de l'Algérie est beaucoup plus habile que le ministère des finances; car, d'après son compte courant avec l'Algérie, la France se trouve lui devoir aujourd'hui 4,421,510 fr. 35 [1].

En France, avec un budget de 1,300 millions, nous sommes en déficit constant; l'Algérie, au contraire, sans avoir de revenus à elle, fait des économies; — c'est fort remarquable.

Il est vrai que la direction des finances de l'Algérie ne met pas toujours la dépense à côté de la recette.

Ainsi :

Elle exproprie pour cause d'utilité publique; ne paye pas le propriétaire exproprié, et loue à son profit et fort cher le bien exproprié. C'est ainsi qu'a été en partie créée à Alger la Place du Gouvernement.— Le capital de ces rentes est dû;

[1] *Compte général des finances pour 1843, p. 575.*

il s'élève au moins à 12 millions. Qui est-ce qui les payera? Nous, sans doute.

En 1843 (documents ministériels), la direction des finances d'Alger perçoit la valeur des récoltes faites sur les biens coloniaux par l'administration militaire, et ne paye pas la valeur de ces travaux.

Elle encaisse le montant des contributions arabes (1,604,579 fr. 79 c.), et nous laisse payer les agents de cette perception (les indigènes) qui nous ont coûté plus de 10 millions!

Lorsque nous avons fait une razzia sur les Arabes (280,042 fr. 32 c.), elle en fait une sur nous, et nous enlève encore ce produit. Pour notre razzia il nous a fallu mettre une armée en campagne; pour la sienne il lui suffit d'un habile administrateur.

Les chevaux de *soumission* sont quelquefois fort difficiles à obtenir. Ainsi les Mouzaya n'ayant pas amené à Belida, au jour convenu, le cheval de soumission qu'ils avaient promis, le commandant de Belida met en campagne 600 fantassins, un escadron de chasseurs, et des gendarmes maures [1]. Tout cela ne se fait pas sans une certaine dépense. Puis lorsque nous avons obtenu des chevaux de soumission (704 fr. 80 c.), la direction des finances de l'Algérie vient encore nous enle-

---

[1] Dépêche du général de Bar, du 9 juin 1842.

ver cette somme. — Il est vrai qu'elle nous laisse l'honneur!

La direction des finances d'Afrique prélève sous le titre d'octroi de mer la meilleure partie des droits de douane, et trouve ainsi le moyen d'établir un impôt de consommation sur l'armée qui la protége.

La vérité est que là où la production manque, il ne peut y avoir d'impôt : l'Afrique ne saurait avoir la prétention de produire, quant à présent du moins. C'est la France qui produit tout ce qui fait vivre l'Afrique. C'est donc à la France à faire en Afrique la recette des impôts qu'elle croira devoir établir, et à faire les dépenses qu'elle croira devoir faire.

Budget colonial à supprimer.

En dehors et au-dessus de la question financière est la question politique et d'administration.

En France, pour toute affaire, lorsque les pouvoirs de l'état sont tombés d'accord sur un système à suivre, et que cet accord a été sanctionné par un vote financier, il est de convention que le système indiqué est suivi.

Ce qui a lieu dans ce cas pour les affaires de France doit avoir lieu pour les affaires d'Afrique. La France fait pour sa colonie assez de sacrifices pour avoir le droit d'en diriger la politique; et il ne faut pas qu'au moyen d'un budget qui échapperait à son vote, l'Afrique puisse suivre une politique ou des systèmes d'administration que n'aurait pas agréés la France, ou qui lui paraîtraient compromettants.

C'est ce qui est arrivé dans plusieurs circonstances : les gouverneurs se sont soustraits à l'autorité ministérielle. Ils ont d'autant plus de propension à prendre une initiative dangereuse, qu'ils ont sous la main les moyens financiers d'exécution:

En vain dit-on que le ministre seul ordonne les dépenses. Lorsque la dépense est faite, il lui est difficile de refuser son approbation au gouverneur qui invoque l'*urgence* et la *nécessité*. Nous n'aurons pas toujours au ministère un homme qui, comme M. le maréchal Soult, réunisse une volonté ferme à une grande autorité personnelle.

L'Afrique dira que la France ne connaît pas ses besoins et n'est pas propre à diriger ses affaires. — Tant que la France fera les frais de l'occupation, elle devra en fixer le mode.

L'Afrique, pour soustraire son budget au contrôle des chambres, rappelle que les budgets des colonies, des départements et des communes ne sont pas soumis à la législature.

Il n'y a aucune analogie. Ces différentes circonscriptions administratives sont organisées par des lois : des conseils représentent les citoyens; les recettes et les dépenses sont déterminées. Il n'y a rien de tout cela en Afrique.

Le budget colonial doit être supprimé : les recettes et les dépenses doivent être réunies en une annexe au budget de l'État, et soumises aux règles financières en vigueur en France.

C'est ce que propose la commission des crédits de 1844 pour l'exercice 1846.

Cette modification n'est qu'une affaire d'ordre et de bonne administration. L'État, en faisant les recettes coloniales, se charge des dépenses coloniales : les résultats que nous avons indiqués plus haut restent les mêmes.

L'Afrique nous aura coûté 100 millions pour l'année 1843.

A la fin de cette même année, l'Afrique nous aura coûté, depuis l'occupation, près de 800 millions.

Cependant on ne veut pas s'arrêter parce qu'on a perdu 800 millions. — Mais dans dix ans, on aura perdu, en comptant les intérêts et les dépenses annuelles, 2 milliards et demi. Ce sera une nouvelle raison de continuer, — comme si des pertes nouvelles pouvaient couvrir des pertes anciennes.

La France est riche, dit-on ; examinons : Etat financier de la France.

COMMUNES. Leurs dépenses spéciales étant de Communes. 160 millions, et leurs revenus ordinaires n'étant que de 25, elles sont obligées, chaque année, de voter en centimes extraordinaires ou en impôts de consommation, millions. 135

Sur 37,232 communes, 29,855 sont réduites à

s'imposer chaque année des centimes extraordinaires pour couvrir leurs dépenses ordinaires.

**Départe-
ments.** DÉPARTEMENTS. Ils sont tous grevés d'impôts
extraordinaires. Leur situation s'aggravera encore par les dépenses nécessitées par l'achèvement
des routes départementales, et par la construction
des prisons nouvelles.

L'État. L'ÉTAT. La dette publique, déduction faite de
la valeur des rentes rachetées et consolidées, s'é-
lève, d'après le projet de budget pour 1845, en
capital à. . . . .   4,843 millions

Les sommes versées dans les
caisses d'épargne s'élèvent à. . .   360 millions

Sa dette. L'état doit donc aujourd'hui
en capital. . . . . . .   5 milliards 203 millions

Déficit. Cette dette sera augmentée en 1844 du déficit
de cet exercice, qui s'élèvera à environ 40 millions.

Le budget ordinaire de 1845 s'élève à 1,276
millions, et s'ouvrira avec un déficit d'environ
12 millions, qui sera augmenté par tous les crédits qui compléteront les dépenses de cet exercice.
Le déficit final sera au moins aussi fort que celui
de 1844.

Si nous marchons ainsi de déficits en déficits,
nous arriverons à la banqueroute.

Besoins du pays. BESOINS DU PAYS. Ces besoins, qui viendront encore accroître nos dépenses, sont incalculables.
Nous ne parlerons ici que de ceux qui sont sentis

aujourd'hui, et auxquels il faut satisfaire dans un espace de temps tel que nous ne restions pas en arrière des autres nations qui, elles, tous les jours, font des progrès.

Que ces dépenses soient faites par l'État, les départements, les communes ou des entreprises particulières à péages, c'est toujours le pays, c'est-à-dire la propriété et le travail qui fourniront à ces dépenses.—Nous ne ferons donc pas de distinction dans la part de chacun dans ces dépenses.

Chemins vicinaux. Sur les 37,232 communes, 673 seulement ont pu, en 1842, pourvoir à ce service avec leurs ressources ordinaires. Les autres ont dû avoir recours aux impôts extraordinaires et aux prestations en nature. L'achèvement des chemins vicinaux est évalué à. . . . . millions 250

Routes départementales. Leur achèvement est évalué par l'administration à. 156

Routes royales. Les rectifications, lacunes, constructions nouvelles, sont évaluées par l'administration à. 291

Chemins de fer. La mise en activité des 3,600 kilomètres prévus coûtera. 1,300

Navigation fluviale et canaux. Sur une longueur de 2,298 lieues, les améliorations constructions coûteront 250

Ports de commerce. 100
_____
2,347

millers

Report. 2,347

Travaux du génie. 171 millions sont encore à dépenser pour les travaux prévus par les lois des 5 avril et 25 juin 1841. — 100 millions au moins seront à ajouter pour la défense des côtes, les fortifications du Havre et autres places 271

Marine. Le budget de la marine était, en 1830, de 65 millions. Il est porté pour 1845 à 112. Malgré ce, notre marine, d'après M. le prince de Joinville, serait dans un état alarmant. Nous aurons des dépenses considérables à faire. . . . . **Mém.**

Ports militaires. On a encore à y dépenser.   100

Edifices religieux. Le plus grand nombre des églises ont besoin de réparations. Quelques-unes sont à construire. Un grand nombre de communes n'ont pas de presbytère; les édifices diocésains sont en souffrance. On ne suffirait pas aux besoins avec   150

Maisons d'école à construire pour les communes qui n'en ont pas.   43

Monuments publics. Tels que le Louvre à achever, les édifices monumentaux à soutenir, etc.   100

Prisons à construire pour l'application du système pénitentiaire.   100

Total. . . . . 3 milliards   111

Impôts   **Impôts.** Les impôts sont excessifs. La propriété est accablée de centimes additionnels. La consommation est grevée de droits énormes. Le sel paye seize fois sa valeur, le tabac quatre fois, le sucre une fois. Les boissons réclament de tous les côtés.

Le fisc perfectionne tous les jours ses procédés de recette. Aucun impôt nouveau ne peut être créé.

Si quelque crise politique ou commerciale arrivait, les impôts de consommation dont l'augmentation a couvert jusqu'à présent une partie de nos déficits, venant à diminuer, notre position financière serait des plus critiques.

La dette de l'état est donc de   5 milliards 203   *millions*   **Résumé.**

Chaque année les déficits l'augmentent.

Les besoins du pays exigent, dans l'espace de quelques années, une dépense extraor-   *millions*
 dinaire de. . . . . 3 milliards 111

De nouveaux besoins se révèlent chaque jour.

Tous les impôts sont excessifs.

TRAVAIL NATIONAL. Si ces esprits superbes dont   *Travail national.*
 la vue étendue se porte incessamment sur l'Afrique, pouvaient laisser tomber leurs regards sur la France, ils y verraient pratout le manque de capitaux qui arrête les améliorations et s'oppose à l'esprit d'association.

En dehors des dépenses publiques dont nous venons de parler, combien de grandes choses à faire en France par les capitaux des particuliers!

— Si on transporte ces capitaux en Afrique, ils ne
seront plus en France, et ces améliorations deviennent impossibles.

Au lieu d'augmenter nos impôts pour subvenir
à des dépenses improductives, il faudrait les diminuer, pour abaisser les prix de revient de nos
produits nationaux, et leur permettre de venir en
concurrence avec ceux des pays dont les impôts
sont faibles.

En présence d'un tel état de choses, la France
peut-elle raisonnablement sacrifier chaque année
CENT MILLIONS à l'affaire d'Afrique?

CHAPITRE XI.

PUISSANCE DU PAYS.

Domination et puissance. — Pologne. — Le Caboul. — Irlande. — Camp de Boulogne. — Alger affaiblit la France. — Affaires d'Espagne. — Du Luxembourg. — 15 juillet 1840. — Opinion de lord Palmerston. — Du général Duvivier. — De M. Jaubert.

La tribune et la presse ont trop souvent répété qu'Alger augmentait la puissance politique de la France. Il était cependant difficile de concevoir comment une entreprise qui devait absorber une armée de 80,000 hommes et dévorer 100 millions par an, sans aucune compensation possible, pouvait augmenter notre force.

La domination qu'un peuple veut établir sur un autre peuple n'accroît pas toujours la puissance du peuple conquérant.

La Russie n'est-elle pas entravée par la possession de la Pologne? M. Thiers disait à ce sujet : « Vous savez quelle est l'immense raison qui retient dans la paix le cabinet qui a le moins à craindre de la guerre, le cabinet russe : c'est l'état de la Pologne; c'est qu'il est occupé d'une œuvre grave et difficile, c'est de s'assimiler la Pologne[1]. »

[1] Discours de M. Thiers, du 23 janvier 1844. *Moniteur*, p. 129.

L'Angleterre avait-elle fait preuve de sagesse en intervenant dans le Caboul? Elle y était entrée en 1839 avec un parti pour l'y soutenir, avec une armée dont les officiers et les soldats avaient l'habitude de climats plus difficiles. En 1842, cette armée disparait, étouffée par la nationalité afghane. L'Angleterre avait dépensé 500 millions, et trouva sage de ne pas continuer. Ses ennemis devaient désirer qu'elle persistât.

Est-elle plus heureuse avec l'Irlande? O'Connel rappelle à ce malheureux pays que l'Angleterre ne lui a jamais fait de concessions qu'à l'heure du danger, que l'Angleterre n'est en mesure avec aucune puissance, et qu'elle ne pourrait faire la guerre à la France ou aux États-Unis, si l'Irlande restait en proie au mécontentement qui régne depuis si longtemps[1]. Dans ses discours, O'Connel soulève la haine des Irlandais contre les *Saxons*, lord Brougham répond de la chambre des lords que le *Celte* a bien peu de sagesse s'il pense s'attirer ainsi l'argent du *Saxon*[2].

L'armée occupée à maintenir l'Irlande donne-t-elle beaucoup d'appui à la politique de l'Angleterre? Et quel serait le Français qui, en cas de guerre avec cette puissance, ne lui souhaiterait deux Irlandes au lieu d'une ?

---

[1] Discours d'Oconnel, prononcé à Dublin, le 20 mars 1811.
[2] Discours du 8 août 1813.

A l'époque du camp de Boulogne, lorsque nous menacions l'Angleterre d'une invasion, elle sentit vivement l'éloignement des troupes occupées en Irlande et dans ses colonies. Pitt s'écriait alors : « Si nous avions nos garnisons du littoral nous serions forts. » Sir Henry Parnell, naguère encore ministre, écrivait : « Dans la dernière guerre nos moyens de défense étaient grandement restreints par l'obligation où nous nous trouvions d'entretenir dans les colonies une force navale imposante [1]. »

Camp de Boulogne.

Et cependant la position insulaire de l'Angleterre ne lui fait pas, en temps de guerre, la position critique que nous fait notre position continentale ; les armées qu'elle entretient au dehors pour ses possessions coloniales sont moins considérables que les nôtres. L'Inde n'occupe que 31,000 hommes de troupes européennes, payées sur les revenus de l'Inde; et l'Angleterre pour toutes ses autres possessions n'entretient que 25,000 hommes [2]. Tandis que pour nos chétives possessions, nous employons actuellement en troupes françaises 85,248 hommes, dont 76,744 à Alger et 8,504 dans nos anciennes colonies.

Ces exemples si frappants étaient perdus pour

Alger affaibli la France.

---

[1] *Réforme financière d'Angleterre*, p. 216.
[2] *Statistics of the Colonies of the british Empire, by Robert Montgomery Martin*. London, 1839.

nous. Il a fallu que trois événements politiques vinssent compromettre la France pour constater l'affaiblissement que lui cause l'Afrique.

Lors des affaires d'Espagne et des événements du Luxembourg, nos armées se trouvaient affaiblies par notre occupation d'Afrique. Les ministres et les rapports des commissions en faisaient le triste aveu à la tribune. Nous avons déjà rappelé ces pénibles circonstances [1].

Le troisième fait se rapporte aux événements de 1840.

M. Thiers, qui était alors président du conseil, avait dit à la tribune en 1837 : « Si la guerre vient vous surprendre dans l'état d'indécision où vous êtes, dans l'état de demi-mesure, je dis qu'il faudra évacuer honteusement l'Afrique. » Il ajoutait qu'il fallait profiter de la paix pour nous y établir solidement. M. Thiers ne pouvait ignorer l'énormité de l'entreprise et ne pouvait compter sur une paix qu'il aurait fallu assurer pour cent ans. Aussi lorsque, trois ans après, la guerre devenait imminente et venait le saisir au ministère, M. Thiers dut bien regretter nos 70,000 hommes compromis par delà les mers.

Le ministère eut la pensée qu'il pourrait prélever 40,000 sur les 70,000 qui étaient en Afrique. Mais cela était impossible.

[1] *L'Algérie en 1838*, p. 101.

Sur les 70,000 hommes, on en aurait à peine trouvé 40,000 bien portants, et si on avait retiré les 40,000 valides, on aurait abandonné à la vengeance des Arabes les malades ou convalescents et une population européenne de 20,000 âmes. Il aurait donc fallu retirer tout le monde, c'est-à-dire 90,000 âmes, et pour cela avoir trois mois de paix et la disposition de notre marine. Ce qu'on aurait fait, le voici, et voici ce qui serait arrivé : — On aurait retiré 15 ou 20,000 seulement, — les autres seraient restés sans vivres et sans munitions entre l'acharnement des Arabes et les flottes ennemies.

Nous savons tous quelle était la perplexité des ministres du 1er mars, et nous concevons qu'ils aient hésité à lancer la France dans une guerre générale, dont le premier drame eût été la perte de 70,000 hommes de nos meilleures troupes.

Ce n'était pas seulement l'armée de terre qui manquait à la France; sa marine était paralysée par notre position en Afrique. Deux ministres du 1er mars s'en sont expliqué à la tribune : M. Pelet de la Lozère disait à la chambre des pairs, pour justifier le rappel à Toulon de notre flotte qui était à Alexandrie, « qu'on avait une armée à Alger pour laquelle la flotte pouvait être nécessaire s'il était besoin de l'en faire revenir[1]. » M. Jaubert ajou-

[1] Discours du 18 novembre 1840.

tait à la chambre des députés : « A Toulon, notre
flotte était le gage du retour de notre armée d'A-
frique, s'il dévenait nécessaire[1]. »

Notre flotte était utile dans le Levant; il faut
la ramener sur nos côtes pour pouvoir retirer
notre armée d'Afrique.

Maintenant peut-on nier qu'une entreprise qui
exile du sol français 80 ou 100,000 de ses meilleurs soldats, qui, dans l'espace de treize ans, en
a fait périr 80,000, qui, chaque année, renvoie
dans leurs foyers, malades et débiles, la plupart
de ceux qui n'ont pas succombé ; — qui paralyse
une partie de notre marine au moment où elle
doit agir contre l'ennemi et défendre nos côtes ;—
qui, après avoir dévoré en pure perte près d'un
milliard, enlève aujourd'hui 100 millions par
an aux besoins de la France ;—peut-on nier, di-
sons-nous, qu'une telle entreprise ne soit pour le
pays une cause incessante de faiblesse?

Opinion de lord Palmerston. Nos ennemis le savent bien : lord Palmerston
disait en 1840 qu'il ne pourrait croire à notre vo-
lonté de faire la guerre que lorsque nous retire-
rions nos troupes d'Afrique.

Du général Duvivier. Effrayé des systèmes suivis, le général Duvivier
écrivait : « Si on demandait avis à l'Angleterre,
elle répondrait : « CONTINUEZ. » Si l'on en doute,
il suffit d'examiner sa marche. Elle veut paraître

[1] Discours du 3 décembre 1840,

quelquefois protester contre notre occupation, car elle sait qu'immédiatement une recrudescence aura lieu dans l'opinion générale pour la conservation. Certes, *l'Angleterre noterait dans son esprit comme jour de deuil pour elle celui où elle nous verrait abandonner l'Algérie*[1]. »

M. Jaubert disait à la chambre : « Nous sommes ici en présence de puissances rivales ; il me semble voir la satisfaction malicieuse avec laquelle elles contemplent nos contorsions dans cette robe de Déjanire qui brûle nos flancs[2]. »

De
M. Jaubert.

[1] *Solution de la question de l'Algérie*, p. 282.
[2] *Moniteur*, 9 juin 1838.

FIN.

TABLE ANALYTIQUE.

11

CHAPITRE III.

DE LA COLONISATION EN GÉNÉRAL.

CHAPITRE IV.

DE LA COLONISATION MILITAIRE.

CHAPITRE V.

DU TRAVAIL DU SOLDAT APPLIQUÉ A LA COLONISATION.

CHAPITRE VI.

COLONISATION MIXTE PROPOSÉE PAR M. LE GÉNÉRAL DUVIVIER.

CHAPITRE VII.

COLONISATION CIVILE.

CHAPITRE VIII.

COMMERCE ET NAVIGATION.

FIN DE LA TABLE.

www.ingramcontent.com/pod-product-compliance
Lightning Source LLC
Chambersburg PA
CBHW072034080426
42733CB00010B/1887